アイジーエー出版

魔法の高次元手帳

時間と高次元を同時に管理する

心の専門家
佐藤康行

はじめに

　この本を手に取ってくださりありがとうございます。

「魔法の高次元手帳」とはなんだろう？　と思われた方もいらっしゃるのではないでしょうか。

　これまで手帳を使ったことがないという方はいないと思います。一般的な手帳には、年間・月間・週間のカレンダーがあり、１日のタイムスケジュールを書き込めるようになっています。多くの場合、未来の約束や予定を書き入れて、その日時に行動を起こすために使用しています。

　この「魔法の高次元手帳」は、予定を書き込むためのページがありません。自分が目標を立てて達成するための時間を管理する、まったく新しいタイプのものです。同時にあなたの意識まで管理しようという新発想の手帳です。私、佐藤康行が約三十年間かけて探求したメソッドを集約した、世界で誰一人として創り出したことのないオリジナルツールです。

　次元について少しご説明しましょう。一次元は、しゃくとり虫がまっすぐ前に向かって進むように直線。二次元は、アリが四方八方進めるように平面。三次元は、空間の三方向の広がり。四次元以上は人間の意識、心の世界。四次元以上の世界は、いきなり全体を見わたすこともできるし、過去も未来も自由に変えられる便利なもの。

それを日常生活に使えるようにしたのがこの手帳です。次元と次元上昇の仕組みについては、本書のなかで詳しく説明します。

長年の心の専門家としての人生で感じているのは、人は面倒なことは続けられないということです。だからこの手帳は、最小限の時間と労力で毎日使えるように、極限までシンプルにしました。一見、何気ない手帳のように見えますが、実際に使い始めると驚くほどの効果が出ることが実証されています。本書で、なぜ時間と高次元を同時に管理できるのか、効果が現れる秘密を解き明かしています。すべての人が豊かで幸せな人生を送ってほしいと願って開発したこの手帳を付録にしていますので、実際に使ってください。手帳を使うことによって、あなたの人生がこれまでとは違う新しい展開を始めていくことでしょう。変化を楽しんでいただきたいと思います。

心の専門家　佐藤康行

目次

第2章　手帳を使ってみよう

第5章　ニーズをつかむ

第7章

次元上昇のポイント

第8章

意識を変える

デザイン　鈴木　学
編集　向千鶴子

第1章

時間と高次元を管理する

新発想の世界初の手帳

この書籍を手にされた方は、時間と高次元を同時に管理するってどういうことだろう、と思っていらっしゃるかもしれません。

時間は、みなさんが生まれたときから、これまでずっと生活の一部だったと思います。家に時計のない人はいないでしょうし、駅の時刻表から出生時刻まで、時間は私たちの人生と深い関わりがあります。

その一方で、次元はどうでしょうか？　次元を意識して暮らしている、と聞いたとしても、それがどういうことかピンとこないと思います。次元という言葉は知っていても、実際には目に見えないので、とらえどころのないものが次元なのではないでしょうか。

この書籍の巻末に付属している『魔法の高次元手帳』は、持つ方が自由に使っていただけるように作りました。

以前から私が営業職の方向けのセミナーで使用していた「決定・遂行ノート」というも

のを進化させ、バージョンアップさせたものです。

ご自身の使いやすいように自由に使ってほしいと思っていますが、より効果的に活用していただくために、この書籍を読んでいただきたいと思っています。

時間や次元、決定や遂行など、それぞれの言葉の意味をはじめ、具体的な記入法を知っていただくことにより、この手帳はあなたの人生の可能性を広げてくれるからです。

特に人生で達成したいことや実現したい願望がある方は、この新発想の世界初の手帳『魔法の高次元手帳』をぜひ、使ってみてほしいと思います。

毎日、わずかな時間でいいので、この手帳を必ず開いてください。そしてなにか短くてもいいので書き込んでみてください。

そうするだけで、確実にあなたの人生に変化をもたらすことができます。他の手帳と併用していただいてもかまいません。

時間と次元を管理するということを理解いただいたうえで使っていただければもちろんのこと、たとえ意味がわからなくても、私が『魔法の高次元手帳』と題した理由を、きっと納得していただけるでしょう。

時間管理できれば行動が変わる

人が結果を生み出すために大切なこととして、心と言葉と行動があります。

発言通りの行動をすることができると、人から信頼を得やすいものです。また、心と言葉を一致させることが大切だともいわれます。ほとんどの人は、心のなかで思っていることのうち、ほんのわずかしか言葉に出しません。そして、言葉にしたことを実際に行動に移すことは、さらに少ないものです。いつもどこかもどかしい感覚で生きている人が多いのは、このためです。なぜかというと、心で思っていることと言葉にギャップがある人がほとんどだからです。自分が言ったことを、相手は相手の心でしかとらえることができません。あなたの心とまったく違う心でとらえるから、常に誤解が生じやすいのです。私は、言うなれば「人間社会は誤解の塊」だと思っています。

いくら心のなかで素晴らしい考えを思い巡らせていたとしても、言葉や行動に移さないと周囲の人には伝わりにくいものです。

結果を出すということからみても同じことです。

本人が心のなかであれこれ思っている時間が長かったとしても、実際に行動することが一番、成果に直結します。その次が言葉です。心のなかで思うだけでは、結果は出ません。面白いもので、行動が変わっていくと心にも変化が現れはじめます。それは、眠いときに走ると目が覚めるようなものです。形を変えると、心にまで影響して、その人のすべてが変わっていくのです。

行動を変える最良の方法は、時間をきちんと管理することです。このことをしっかり覚えておいてください。

あなたの時間とエネルギーとお金を、本当に結果を出したいことに使っていますか。

人生で何かを成し遂げたり、成功を収めるためには、確かに時間管理が非常に重要です。しかしながら私が編み出した『魔法の高次元手帳』は、時間だけではなく、さらに重要な次元を同時に管理していきます。

この2つを同時に管理していくことによって、あなたの脳と行動に変化を起こします。すると、結果を生み出すことは容易なものになるのです。

心の三層構造（観念、業《ごう》・カルマ、真我《しんが》）

人間の心は三つの部分に分けて説明できます。この「心の三層構造」を解説しましょう。

心の第一層は「観念」。頭で理解するという心の領域を「観念」といって、心の一番浅い部分です。知識として頭にプラス思考を入れたところで、湧き上がってくるマイナス思考を抑えることはできません。では、その心は、いったいどこからやってくるのでしょうか。

心の第二層は「業・カルマ」。私は、人間は〝記憶〟でできているととらえています。仏教では、行為によって心に刻まれた過去の記憶を「業・カルマ」といいます。「細胞の記憶」「遺伝子の記憶」ともいえます。頭での理解よりも隠れた心が結果に影響を及ぼします。

心の第三層は「真我」。私たちの「心」の最も深い部分には、この世のすべての真実をとらえることのできる心が存在しています。この心を、私は真（まこと）の我（われ）と書いて「真我」といっています。この「真我」こそ、あなたの本当の姿「本当の自分」なのです。「真我」は完全な心です。「真我」は完璧な心です。

心の構造 「真我」（本当の自分）

あなたの心は三層構造になっており、もっとも深いところにダイヤモンドのように光り輝く「本当の自分」が存在している。

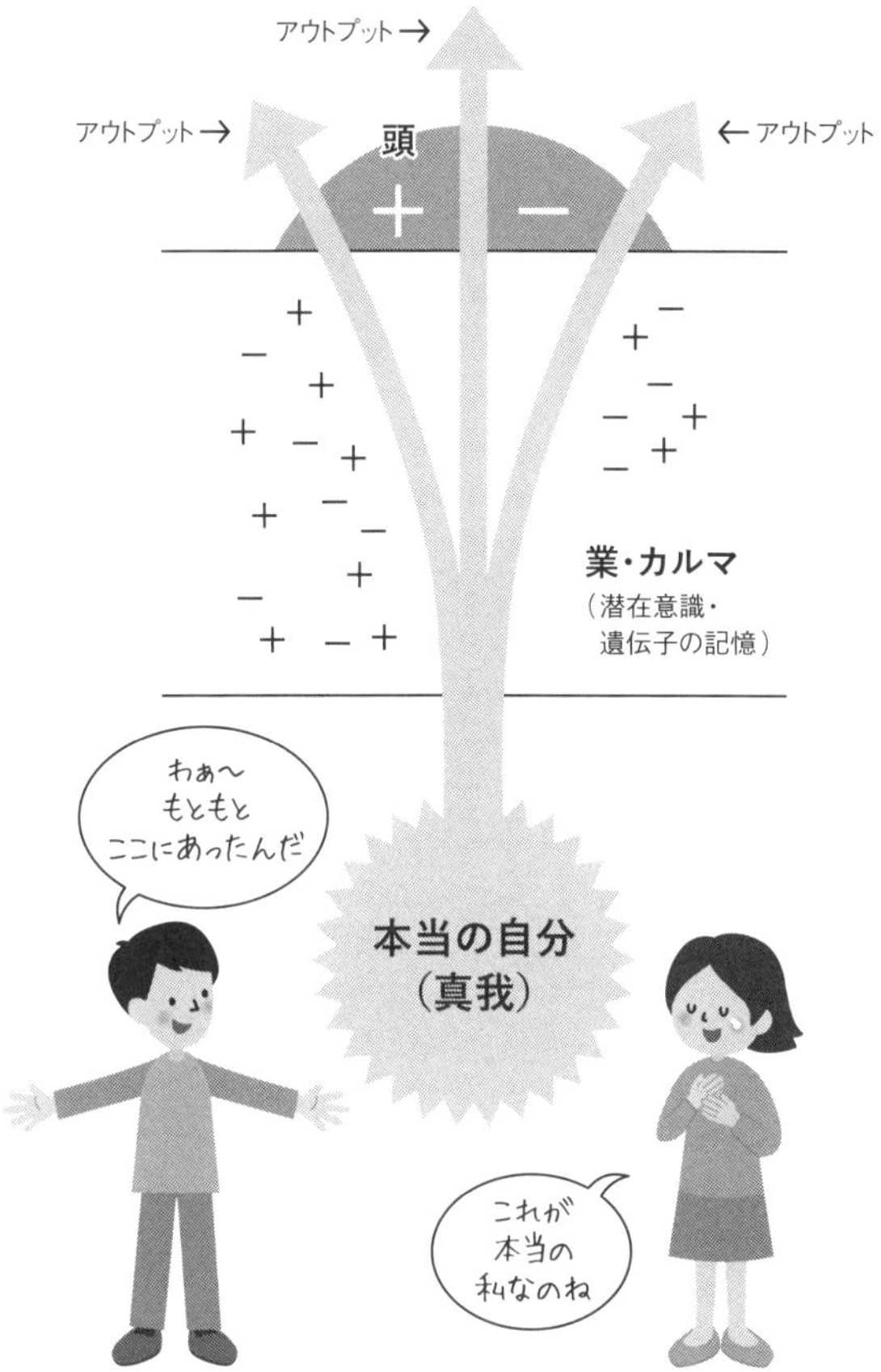

医療においては自然治癒力という、見えざる力をいかに働かせるかが病気治癒、健康維持のカギを握っています。薬や手術だけで病気を治そうという考え方は、私には原始的に思えます。大いなる力を活かすスイッチをＯＮにすると、あらゆることがうまく回り始めます。

命の視点で考えたとき、その命の大元である真我から考えるべきです。対症療法は、それとは逆に末端から考えていると思います。真我から考えることこそ、最も高い次元から考えるということです。医学だけでなく科学も含め、これからの時代は真我からの発想こそが最大のポイントになると思います。

最も高い次元での発想法を本書で学び、実践してください。

あなたはおなかがすいたときに、料理するための魚を買うか、魚の釣り方を教わることを選ぶか、どちらを選ぶでしょうか。その日に食べるための魚を買うためにお金を使ったとすれば、食べてしまうと終わりです。でも、魚の釣り方に投資すれば、どんどん回転して、より大きく発展する可能性を秘めています。魚の釣り方から網の投げ方、さらに船舶免許を取るというふうに、最高の次元で発想すればどんどん広がっていきます。

人生は、どういう心で生きていくかがとても大事です。何を思い、どんな言葉を使うのか。現代は、メールもＳＮＳもあります。それも全てが言葉です。そして、どういう行いをするかによって人生の質が変わっていくのです。

心理学や成功哲学のほとんどは、心という原因があるから結果として運命や人生がつくられていくという、原因と結果の法則です。

真我には、原因も結果もありません。まさに本当の自分＝真我の目覚めが、結果だけではなく原因も同時に変えていきます。これが決定的な違いです。

目標を明確にすれば次元が上がる

物事を成功させるためには、まず、目標を明確にすることです。

次に、明確にした目標が、自分のためのものなのか、所属する組織のためのものなのか、あるいは、すべてのお客様のため（世のため、人のため、など）のものなのかを、分類してみてください。

最初は自分のための目標だと思っていても、所属している組織のためでもあることに気づくと、まるでスイッチが切り換わるようにあなたの脳が変化していきます。

同じことをしていても、「自分は社会のため、すべての人のために行動している」と意識するだけで、脳内スイッチが切り換わるのです。

そうなると、あなたが普段通りの行動をしたとしても、あなたの「次元が上がる」という変化が起こってきます。

私が考える「個人の次元」についてご説明しましょう。

たとえば今朝、あなたに辞令が降り、いきなり子会社の社長に任命されたとしましょう。すると昨日まで親会社の課長だったあなたは、当然、スイッチを切り換えなければいけません。あなたは社会的な肩書きやポジションに見合った、物のとらえ方をし始めることになります。そして、社長として行動し始めることになります。それは、女性が妊娠を知ったときから、母親である自覚をもつようなものです。昨日今日の自分に、見た目に大きな変化がなくても、意識は飛躍的な変化を起こしたことになります。

あなたがエレベーターに乗り、真上に上がっていく様子を想像してください。どんどん上にいくと、広大な景色が見え始めてきます。遠くの街や山が見えてくるかもしれません。代わりに人や車、お店など、1個1個の小さな単位のものは、見えなくなってしまいます。

高い場所へ登ると、低い場所にいたときには全く見えていなかった、いろんな道や目的地が見え始めてきます。

それと同じように、あなた自身の次元が上がると、物事を大きな視野でとらえることができるようになり、より的確な判断ができます。個人の次元が上がると、大きな視点に立って考え、行動できるようになっていきます。

次元が上がると視野が広がる

先ほどのエレベーターのたとえをイラストで説明します。

1階から見る景色と、3階、10階、50階から見る景色は、違います。

同じところを見ていても、見る人がいる階数が上がるほど、視野が広くなっていきます。

これと同じで、個人の次元が上がると、より大きな視野で物事をとらえるようになります。そして自分の行動が変わり、あなたと取り巻く周囲に変化が起こってきます。

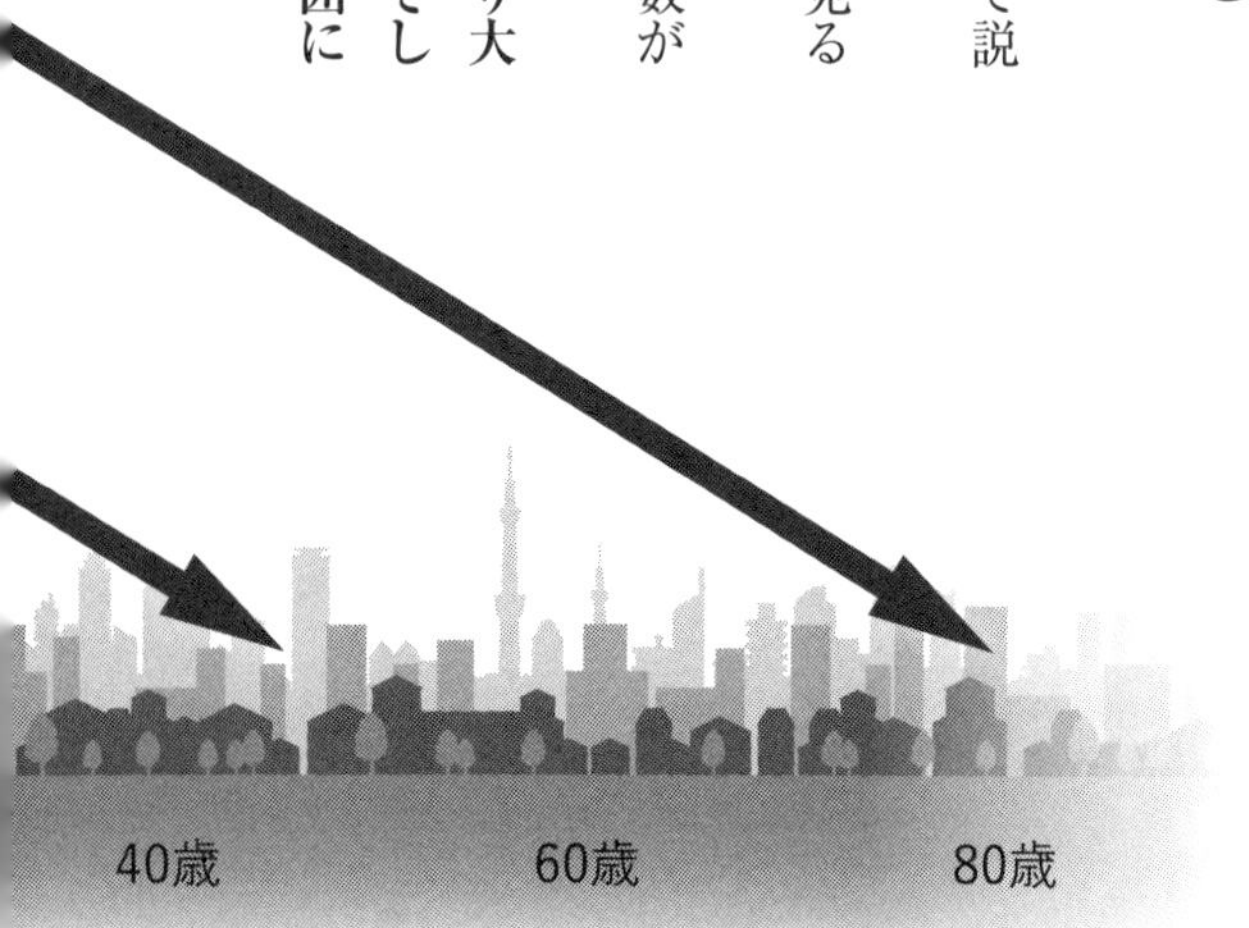

向かっていくことができるので道を間違えない

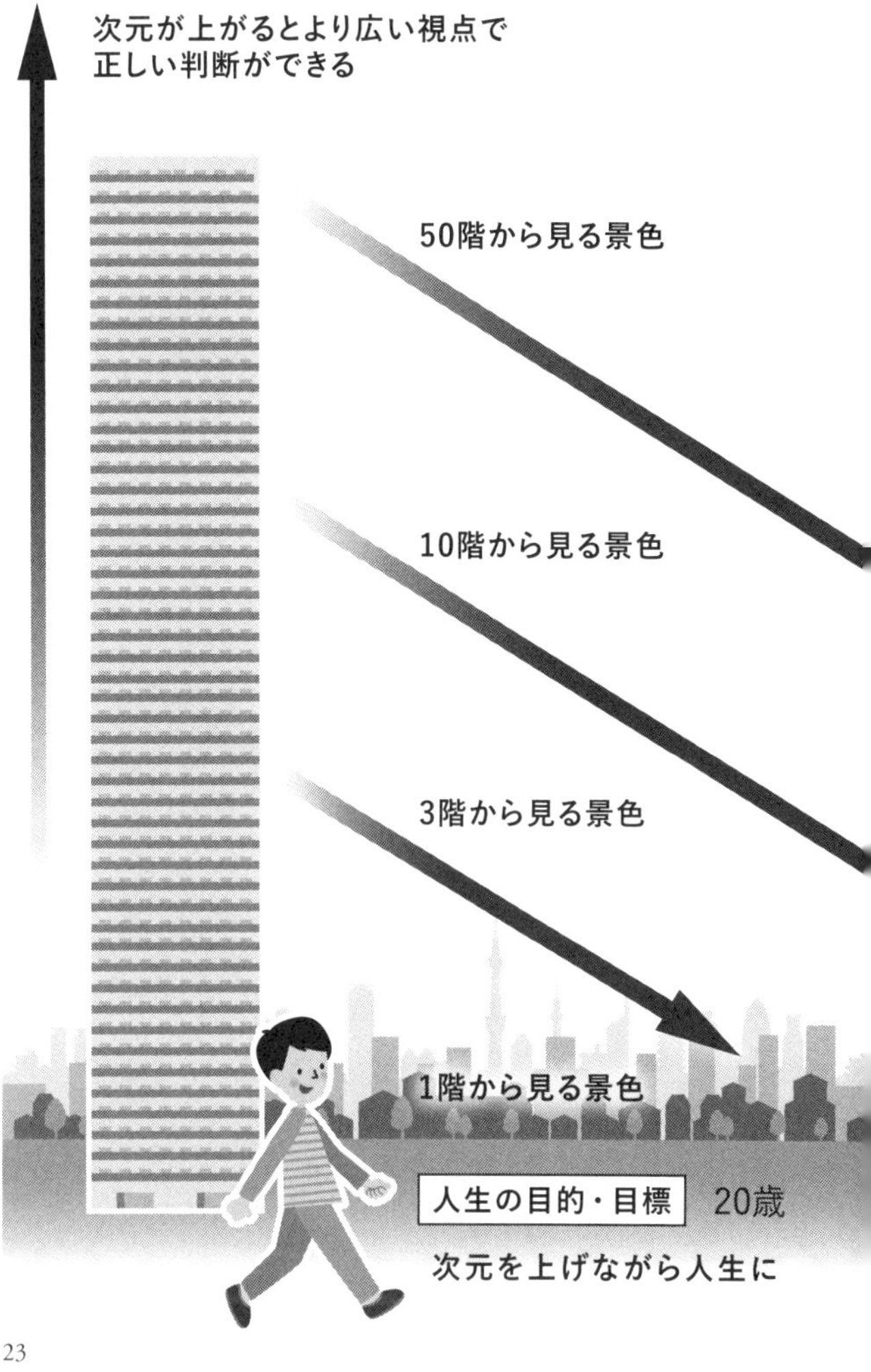
次元が上がるとより広い視点で
正しい判断ができる
50階から見る景色
10階から見る景色
3階から見る景色
1階から見る景色
人生の目的・目標
20歳
次元を上げながら人生に

時間・高次元管理のしくみ

時間とは、こうして本を読んでいても刻々と過ぎていきます。時間は待ってくれません。人生の残り時間は、生まれた時点からカウントダウンが始まっています。次元とは、前ページで説明した通り、超高層ビルにたとえられます。ビルの何階にいるかによって、あなたの目に映る景色は変わり、3階と10階と50階は、見える世界が異なっているのです。

五感で感じるものによって、あなたの感情や意識は変化します。低い次元、中程の次元、高い次元のどこに意識があるかによって、それぞれの次元に対応した物語が展開します。どの次元にいても経過する時間は同じ。しかし高い意識でいると結果が出やすいのです。

それは次元が上がると問題が自動的に消滅するからです。どの次元にも問題はあります。ただ次元が上がると問題は減っていきます。それは高次元では低次元の問題は関係なくなるからです。**問題に対応しなくてよくなると、より濃い時間の使い方ができて1日の充実度がまったく違ってきます。だから高次元を管理できると時間も管理ができるのです。**

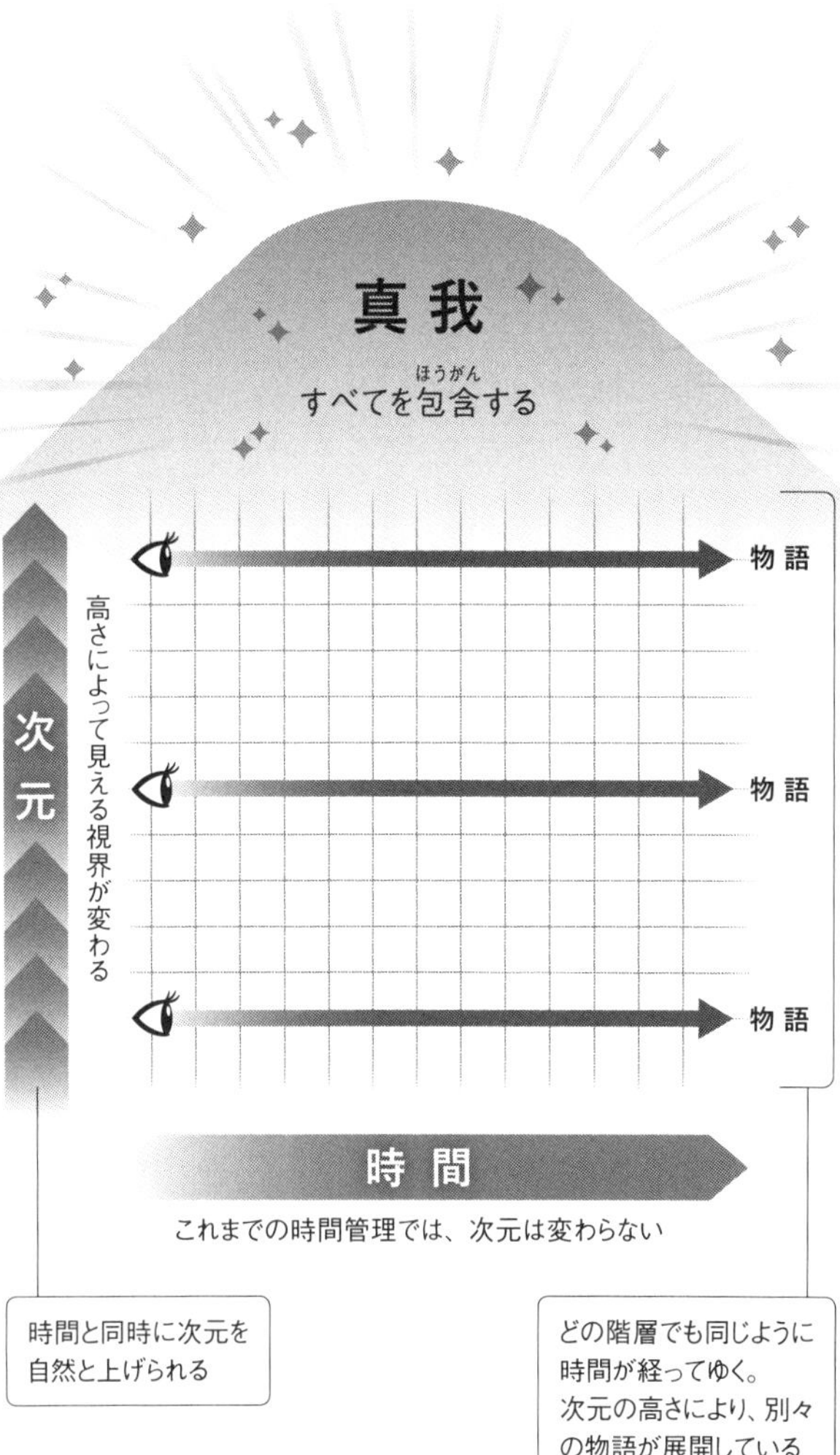
真我
すべてを包含《ほうがん》する
次元
高さによって見える視界が変わる
物語
物語
物語
時間
これまでの時間管理では、次元は変わらない
時間と同時に次元を自然と上げられる
どの階層でも同じように時間が経ってゆく。次元の高さにより、別々の物語が展開している

時間管理が人生を決める

この『魔法の高次元手帳』を使うだけで、意識しなくても次元が上がっていく仕組みになっています。それは目に見えるものではないために、自分ではなかなか分かりにくいと思います。

しかし、手帳を使っていると、本人も気づかないうちに確実に無意識のスイッチがオンになって、脳に変化が起こっていきます。

「何に時間を使うのか」で、あなたの残りの人生が決まります。

もしあなたが自分の今の人生で何かしらの方向転換を望んでいるとしたら、日々の行動を変える必要があります。

行動を変えるために多くの時間をかける必要はありません。1日のほんのわずかな時間を使って、この手帳を見て書き込むだけで、変化を起こすことが可能なのです。

ほとんどの人は、「あれをしないといけない。これはどうしよう」などと、余計なことを考えています。実際には目標の達成とは関係ないことに時間とエネルギーを使いすぎているのです。

それは無駄な時間の使い方です。目標を達成するという視点からすると、その時間には意味がありません。

次元を管理できるようになると、自然と時間も管理できるようになっていきます。そして、より密度の濃い時間の使い方ができるようになるからです。

時間管理はとても重要です。

時間とは、過去から現在、未来へと流れていってしまいます。

あなたが達成したい目標を実現するために、まずは、目標を明確に立てましょう。

次に、目標が誰のために行うのか、自分の心に質問しましょう。

この『魔法の高次元手帳』を1冊使い終える頃には、1日の過ごし方が変わったことに気づき、人生に充実感を覚えている自分を発見することでしょう。そんな自分に出会えることを楽しみにして、手帳を使い始めてみてください。

COLUMN

一番遠い目標を設定しよう

目標や目的は、一番遠いところから立てることが大事です。

あなたが東京からアメリカへ旅行に行くと決めたとします。そうすると、アメリカへ行くためには、羽田空港か成田空港へ向かおう、と考えるでしょう。空港へ行くためには、電車の乗り継ぎを調べる……、という具合です。

一番遠い目標が決まると、近いところが決まってきます。

あなたの人生の一番遠いところの目標は決まっていますか？

あなたが死ぬときに自分の人生を振り返って「私の人生は最高だった」「なんて素晴らしい人生だったんだろう」と思えそうか、イメージしてみてください。

もし、そう思えないとしたら、今から「最高だった」と思える人生にするための準備をしましょう。

死ぬときには、家も財産も家族も肉体も何も天国へ持っていけません。死ぬときには、本当のあなたの人生の目的が明確になるのです。しかし、それを死ぬときに悟っても、もう遅いのです。そのことに一刻も早く気づいてください。

あなたの人生の目標はなんですか？

第2章

手帳を使ってみよう

大目標を決める

この本の巻末に付属している『魔法の高次元手帳』は、このままでも、また切り離して持ち歩くこともできます。

最初に取り組んでほしいことは、今の時点での「大目標」を決めることです。この大目標を達成するための、さまざまな目標をいくつも立てていくことになります。

大目標とは、人生の1本のロウソクのようなものです。たとえば、部屋の照明を消して真っ暗にしたとします。どこかへ行こうとしても、暗くて何も見えないので、転んでしまうかもしれないし、何かにぶつかってしまうかもしれません。そこで、部屋の向こう側にいる人が1本のロウソクに火を灯したとします。するとどうでしょう。そのロウソクのある場所までは、無理なく歩いて行けると思いませんか？　大目標を記入することは、ロウソクに火を灯して立てるのと同じこと、人生で歩く道の到達点を明確にするということです。

目標を考えるときには、思いっきり大きな目標を設定するようにします。自分にも誰に

も遠慮しないでください。「達成できないかもしれない」とか「自分には無理だろう」という考えは一切捨ててください。思いきって決めた目標のほうが、実現しやすいということを私は多くの実例で見てきています。

もし仮に小さな目標しか立てなかったとすると、こまごました煩雑なことに追われて、忙殺されてしまいます。それは小さな目標のためにしか時間を使えないからです。

思い切って大胆な大目標を設定すると、余分なものをバッサリと捨て去ることができます。この潔さが目標を達成するために必要なことなのです。今ある何かを捨ててしまう、ぐらいのことを思い切ってできるようになります。

人生は一度きりです。あなたが新しい自分に生まれ変われるとしたら、不要なものはなんでしょうか。使わなくていいことに時間を使っているとすれば、それは何をしている時間でしょうか。目の前の小さなことから視点を移して大きな視野に立ってみると、大胆に考えて行動することができます。大目標を決めたら達成する期日を書き入れましょう。

この手帳を使っている間に、目標を変える必要が生じる場合もあります。そのときには、新しい大目標を設定しなおしてかまいません。

直感で決定する

●ひらめき・直感・インスピレーションを書き出す

次に、ひらめいたことやインスピレーションを受けたことを、どんどん書き出す作業をします。

ここは、大目標と関係がないことでも、自分の生活と縁遠いことでもなんでも気にせずに、ただ直感でひたすら書いていきます。ここでも「自分には無理かな」とか「叶うはずがない」などと考えないでください。

ポイントはスピードと量。深く考えずに思いつくまま、次から次へスピーディに、できるだけたくさん書いていきます。

あなたの好き放題に書くというシンプルな作業ですが、知らず知らずのうちに自分につくってしまっている壁を壊すことができます。自分の心にシャッターを下ろすのをやめる作業です。

書き終えたら、ページをめくって「決定・遂行」というページを開きます。

●決定

今度は、今ひらめいたことのなかから、実際に行動してみようと思うものを「決定欄」に書いていきます。

「これがいい」と思ったものは、すべて決定に書きます。これは決定、これはボツ、というふうに片っ端から決定します。

実現可能かどうかにかかわらず、自分がそれをしたいと思ったものは全部書き写します。一切の障害物やブレーキを外して、素早く決定する作業をしていきます。たとえそれが実現できないことであったとしても、到底不可能だと思えるようなことであってもいいのです。

この作業を繰り返し行うことによって、あなたの感性は鋭く磨かれていき、直感力が高まっていきます。すると、日頃のちょっとした場面であっても、アイデアや知恵が次々と浮かぶようになってくるのです。

チェックする

決定欄の右横には「個人」「組織」「お客様はじめ地球上の全ての人々」の欄があります。この欄は、決定したことを誰のために実践するのかを考えて、該当する欄にチェックを書き入れます。

・個人＝自分

・組織＝会社、家庭、自治会、部活動など

・お客様はじめ地球上の全ての人々＝社会、人類、世のため・人のため

普通に目標を立てると、そこには自分の願望が現れます。欲求、希望、夢など、自分中心の目標を立てて、自分中心の時間の使い方をします。

自分のことを考えることは悪いことではありません。あなたは個人であり、でも会社という組織にもいるし、家庭にもいる。そして社会全体の一員です。

無理に全体を意識してチェックする必要はありません。まずは自分の正直な気持ちでチ

ェックし、自分の気持ちをよく知ってください。

そして、自分のことだけを考えていたと思ったら、個人にチェックをしてもいいのです。お客様のことだけを考えているのなら、組織と個人にチェックがついていなくてもいいのです。

けっして最初から無理にきれいごとや恰好をつけて、チェックを入れることはしないでください。毎日、このチェックを続けていると、自分の今の意識の状態を確認することができるのです。

チェックをするという作業は、自分が目指す方向へ向かってハンドルを切ることになります。この作業を地道に続けていると脳が変化して、自然と全体を意識することができるようになっていきます。

自分で意識を高めようとしたり、次元を上げようとしなくても、勝手に上がってしまうのがこの手帳の特徴です。

この3つの欄にチェックを入れる、意識をする。それだけで、勝手に脳に変化が起こり始めます。自分を取り囲む人が大勢いることを意識するだけで変わっていきます。

遂行日を決める

見開きの右ページは、決定したことを実際に「遂行」するための欄です。

まず、決定した事項をゆっくりと眺めます。それらを眺めながら、「実際にこれができるとすごいな」とか「楽しいだろうな」と思い浮かべてみてください。

この手前の決定した段階で、行動することは決めています。

次に、決定事項を行動に移すために、いつ着手するかを決めていく作業をします。

遠い未来に始めようと思っていることは、いま、遂行する日を決める必要はありません。ですが、3年後の日付を書き入れておいてもよいです。

実際に3日後、3週間後、3か月後や1年後に始めることを決めて、「遂行日」に記入していきます。

遂行日を3か月後に設定したことは、すぐに始める必要はありません。決定し、遂行日を設定し、そこでいったん、置いておきます。

現実には、遂行日＝着手日を決めたものから行動に移していきます。

この整理ができると、会社の仕事も家庭の予定も、スムーズに行えることがイメージできるでしょうか。先にすればいいことも、今すぐに必要なことも、一気に全部に手をつけて進めて終わらせようとするから、うまくいかないのです。

決定は、自分の意志を含む四次元の作業でしたが、遂行は三次元という物理の作業です。

決定することと遂行することを分けて考えることで、効率よく行動していくことができます。四次元で決定したことを、三次元で実行するには、一度立ち止まって、整理してから実行に移しましょう。

喜びの声

魔法の高次元手帳　体験談

○すごいです！　やりたいことが明確になってきて、意識が変わっていっているのを実感しています。明らかに、使用する前と今では、言葉と行動が変わっています。これからが、ますます楽しみな展開になってきています！　手帳は毎日持ち歩いて、使っています。チェックは、見ているだけで、スイッチが入ります。（42歳・パート・女性）

完了させる

備考欄＝この欄には、5W2Hを考えて具体的な行動を計画します。

5W2Hとは、次の5つのWと2つのHを指します。

・When いつ
・Where どこで
・Who 誰が
・What 何を
・Why なぜ
・How どのように
・How much コスト

あなたがあるプロジェクトを成功させようとした場合に、5W2Hを考えると、実にさまざまなことを行わなくてはいけないことがはっきりしてくると思います。

完了予定日＝予算、協力者、技術、いつまでなのか等を考慮しながら、いつなら完了させられるかを割り出しましょう。逆に完了日は確定していて、そこに間に合わせられるように、予定を組まなくてはいけないこともあるでしょう。

完了確認日＝そして、いよいよ完了の日がやってきたら、遂に完了確認日に日付を記入します。自分で決めた完了予定日通りだったでしょうか。

もしかしたら、予定日に間に合わなかったかもしれません。このデッドラインは、自分で変更していいのです。自分の人生だから自分で決定して変更すればいいのです。

それは単に先延ばしにするということではありません。**あなたの意識の次元が上がっていて思考も変わっています。物事の決定も瞬時にできるようになっていきます。完了予定日や完了確認日の変更を、どの次元で決定するかが重要なのです。**

COLUMN

1つに絞って成功した経営者

私は講義に出てくれている、ある受講生の会社にまで行ったことがありました。彼の会社でじっとしていたら、あるインスピレーションが降りてきました。そこで私は彼に話しました。

「社長、ちょっとお話ししてもいいですか。現在、8つの分野で飲食店を経営なさっていますが、店を1つの分野だけに絞ったほうがいいですよ。あなたは、日本一になる人です」そう彼にアドバイスしました。この助言を聞きいれてくれても、無視してくれても、どちらでもかまわないと付け加えました。

それから何年かして、彼と一緒に講演会を開いたときに、彼にたずねました。「あのときに私がアドバイスしたことを覚えてる？」と。そうしたら、「覚えています。アドバイス通り、あのあとから1つだけに絞るように路線を変更しました」と。

これが究極の捨てる哲学です。そして、今ではアメリカからヨーロッパまで世界中に進出する一大飲食チェーン店の社長になったのです。

全体の視点から見たときに、そのぐらい大胆なことができる人は、人生で勝負ができます。人生の時間は有限ですから誰と付き合うか、何に時間を使うかによって、その後の人生ががまったく違うものになっていくのです。

第3章

実際に書き込んでみよう

大目標を記入する

第3章では、巻末の『魔法の高次元手帳』を実際に記入していきます。

第2章と重複して説明する部分もありますが、記入して実際に行動していく大切な章になりますので、ぜひじっくりと読み進めていただき、理解を深めてください。

最初にすることは、「大目標」の設定です。目標は、「遠いところから設定する」こと。遠くにある目的地が決まれば、自然と近くの目標が決まります。

●記入日＝大目標を設定した日を書きます。

　例…２０２０年２月１日、など

●達成期日＝大目標をいつまでに達成するかを決めて、未来の日付を書きます。

　例…２０２２年２月４日、など

●大目標＝あなたが死ぬまでにやり遂げたいことや将来、達成したいことなど、もっと

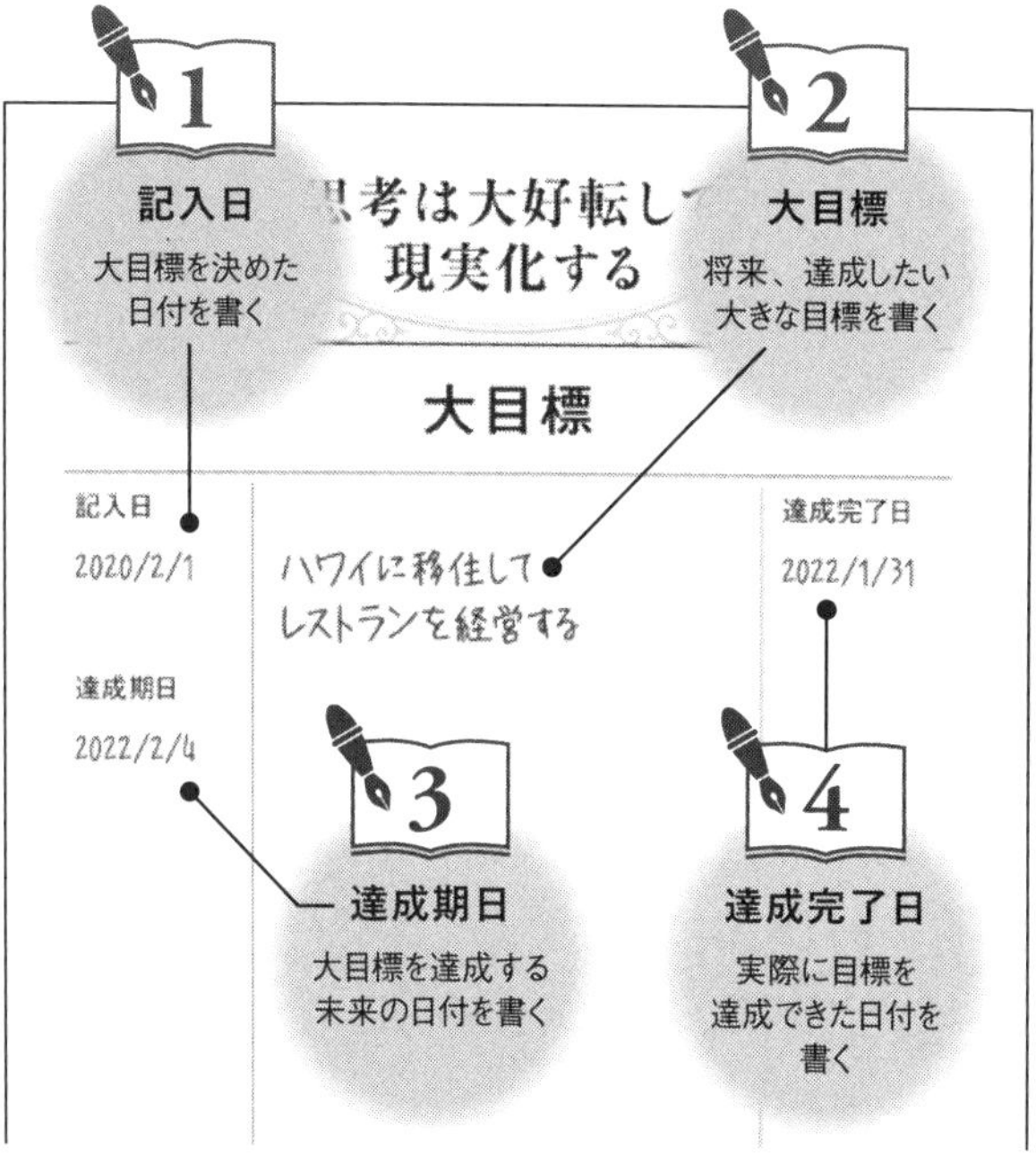

も遠いと思う目標を書きます。目標は複数でもかまいません。仕事のことや家庭のこと、あるいは趣味に関することなど、大きな目標を思い描いてみましょう。

例…・国内トップ10に入るＩＴ企業の社長になる。
・営業成績で全社№１になる。
・一戸建ての新築を購入して三世代で暮らす。

●達成完了日＝実際に目標を達成できた日付を書き入れます。

ひらめきを記入する

「これがしたい」「あれをやってみたい」という、思うことを書き出すページです。

この作業には、あまり時間をかけないこと。「自分は何をしたいのだろうか」と考えてみて、思いつくことをどんどん書いていきます。「これが好き」「あれに興味がある」そう思ったら、深く考えずに書き出していきます。

何年も前にやりたいと思っていて、できずにそのままになっていたことでも書いてください。実現できそうにないことや、自分には到底無理だと思うことでも、ためらうことなく書き出します。

書き出し終えたら、一度、全体を眺めてみましょう。頭に浮かぶことを書き出す作業は、自分の考えを整理したりまとめたりするのに役立ちます。

日常生活のなかで、ひらめいたり、インスピレーションを受け取ったりしたときには、いつでもこのページを開いて、忘れないように書きとめる習慣をつけましょう。**後から見**

ひらめき・直感・インスピレーション

両親を旅行に連れていく　映画を観に行く

料理のレパートリーを増やす　支社でNo.1セールス達成

英語を勉強する

1
ひらめいたことや
インスピレーションを
受けたことを、
どんどん書き出す

なおすと、一つひとつのひらめきが一本の線につながっていくことに気づくかもしれません。

決定を記入する

「ひらめき・直感・インスピレーション」のページで書き出したなかから「これをやり遂げよう」と思うことを選んで転記します。

ここでは、すぐに実行できるかどうかは考えません。実現できそうにないことでも、まずは「やり遂げる」と決めたら書き写します。いつ着手できるか、達成できるかは考えないで「やるか・やらないか」だけにフォーカスします。

そして、自分の心が「あまりやりたくない」とか「やらなくてもいいかな」と思ったことを書かないようにします。

このときに優先順位はつけません。「これがいい」と思ったものは、すべて決定に書いていいのです。「これは決定」「これはボツ」というふうに片っ端から決定します。あれこれ考えずに直感で判断して、書き写します。

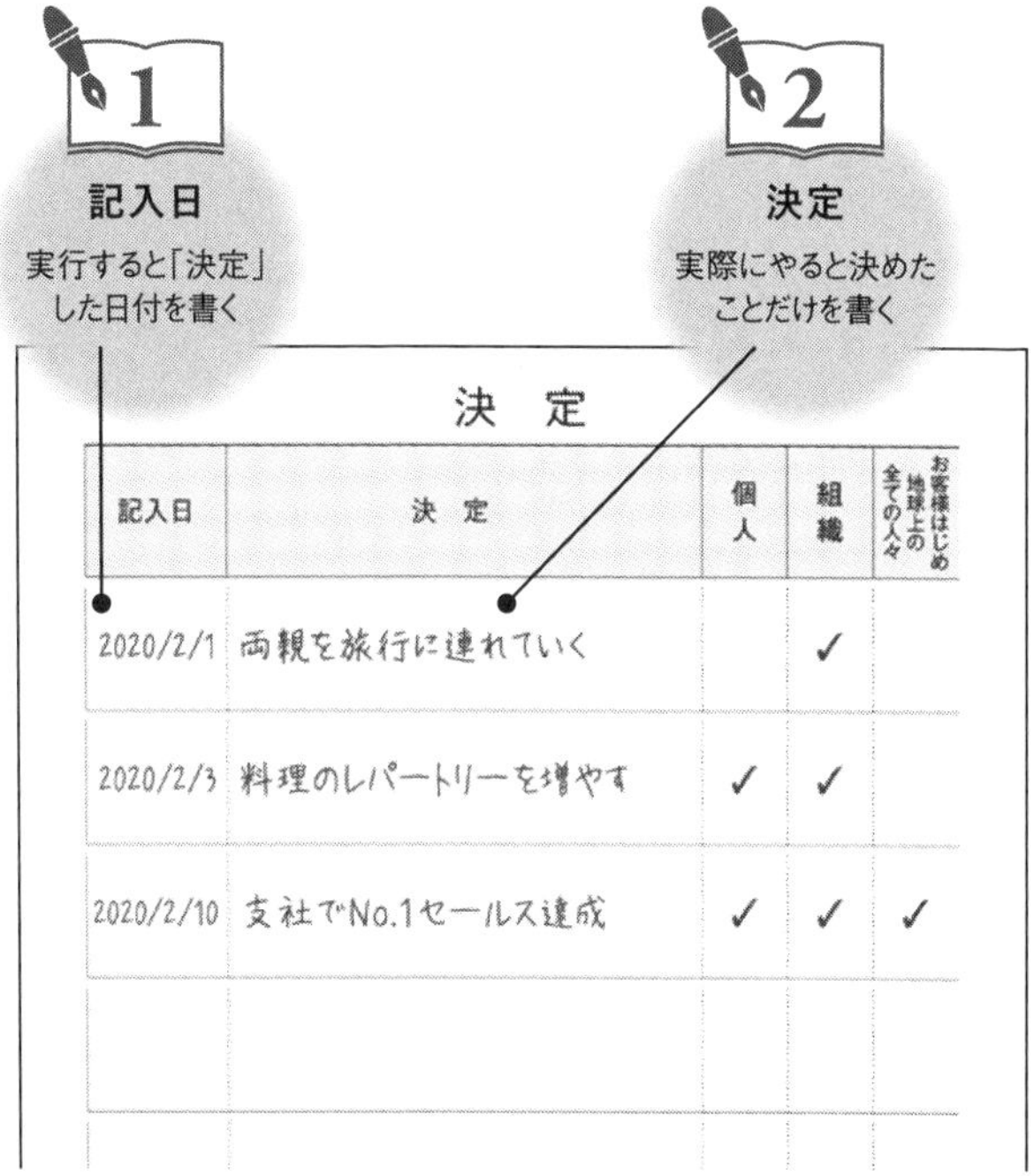

記入日	決定	個人	組織	お客様はじめ地球上の全ての人々
2020/2/1	両親を旅行に連れていく		✓	
2020/2/3	料理のレパートリーを増やす	✓	✓	
2020/2/10	支社でNo.1セールス達成	✓	✓	✓

●記入日＝記入した日の日付を書きます。

例：２０２０年2月1日

●決定＝「ひらめき・直感・インスピレーション」のページを見ながら、やると決定したことを記入します。

例…・両親を旅行に連れていく。

・料理のレパートリーを増やす。

・支社で№１セールスを達成する。

チェックする

何を実行するかを決定したら、次は、誰のために行うのか、その対象を決めます。

対象は、「個人」「組織」「お客様はじめ地球上の全ての人々」の3つのなかから選択します。

あなたが実行すると決めたことは、あなた自身のためだけのものでしょうか？

それとも会社や家族といった組織のためのものでしょうか？

あるいは、お客様や他人、多くの一般の方のためのものでしょうか？

決定事項を見つめて、自分の心に正直にチェックを入れてください。2つ以上で迷うときは、そのなかでもより色濃い方を選択します。できるだけ、1つに絞るように選択しつつ、2つ、または3つにチェックが入る場合には、**複数に入れてください。**

大事なことは、正直にチェックをすること。家庭を考えずに自分のためだけを考えていれば、個人にチェックを入れます。無理に組織にチェックしないようにしてください。

お客様のことは考えているけれど、会社の利益は考えていない、という場合には、組織

決　定

記入日	決　定	個人	組織	お客様はじめ地球上の全ての人々
2020/2/1	両親を旅行に連れていく		✓	
2020/2/3	料理のレパートリーを増やす	✓	✓	
2020/2/10	支社でNo.1セールス達成	✓	✓	✓

3

個人
自分のためだけのことはここにチェックする

決定
会社や家庭など自分の所属する組織のためのことはここにチェックする

お客様はじめ地球上の全ての人々
お客様、他人、社会、人類、世のため・人のためのことはここにチェックする

にチェックしなくてよいのです。

すべてチェックし終えたら、全体を眺めて、自分の気持ちがどこを向いているのかを知る手がかりにしてください。

●個人＝自分
●組織＝会社、家庭など
●お客様はじめ地球上の全ての人々＝お客様、他人、社会、人類、世のため・人のため

遂行する

●遂行日

この手帳の特徴のひとつは、四次元を三次元で管理できることにあります。

どういうことかというと、「**決定する**」**という作業は、自分の意志＝見えない領域で行います。これは四次元の世界です。**「**遂行する**」**ということは、この物理次元で実際に行動することを指しますので三次元なのです。**

「決定」したことによって実現することだけは確定しました。三次元で実際に行動することを選択するのが、この「遂行」のページになります。

まず、決定のなかから、実際に行動する＝「遂行する」ことを選びます。

遂行することが決まったら、いつ着手するかを決めます。その着手する日を「遂行日」に記入します。

遂行日＝決定したことに着手する日

遂　行

遂行日（いつから）	完了予定日	備考欄（5W2Hなど）	完了確認日
2/10	2/11	週末、母に電話をして どこか行きたい場所があるか聞く	2/11
2/12	2/20	駅の近くの本屋さんで 料理の本を買う	2/17

●備考欄

備考欄には、5W2Hを考えて具体的な行動を計画します。

5W2Hとは、次の5つのWと2つのHを指します。

・When　いつ
・Where　どこで
・Who　誰が
・What　何を
・Why　なぜ
・How　どのように
・How much　コスト

5W2Hを考えることによって、実際に行動する内容と必要になる期間を明確にします。

●完了予定日
いつまでに終えられそうか見通しを立て、予定日を記入します。たとえば、納期が確定している場合には、その納品日を書き入れることになります。

●完了確認日
遂行を完了した日付を記入します。予定日が過ぎていても、完了させることが重要です。また、予定日より遅れそうであれば、都度、変更します。予定をひとつずつ完了させていくことが、あなたの自信につながります。

喜びの声

魔法の高次元手帳 体験談

○行動する前に自分だけのことか、組織のことか、多くの人に関係することか考えるようになりました。損得抜きで行動できるようになる予感がします。（男性）

○先日手帳が届いて、決定事項を書き始めたら、本当に不思議なのですが、意識次元の分類のところにチェックをいれるだけで、物事が非常にスムーズに運んでいくようになりました。忙しい毎日ですが、楽しんでいる自分がいます。（60歳・高等学校長・男性）

○魔法の高次元手帳、とても良い。使い始めて、書くことで必然的に行動がそっちを向く。書いておくと未来にやることを考えておく必要がないので、目の前のことに集中できる。（36歳・飲食店店長・女性）

○手帳を書き始めた頃は決定の部分に収入を上げたいとか、家を買いたいとか現実的なことを書いていました。しかし、チェックを入れて毎日見ていくうちに、一体何のために家を買いたいの？　収入を増やしたいの？　と意識を持つようになりました。自分のため？　組織のため？　お客様はじめ全ての人々のため？　意識が少しずつ変わっていくうちに、メンタル的な目標がたくさん出てくるようになりました。愛があふれた人になりたい、全ての人を愛せるようになりたい。どう生きたいのかが分かってきました。佐藤先生の他の本も併せて読んでいます。佐藤先生の本を読むと小手先のテクニックではなく、どういう思いで相手に接するのかが大切なのか、考えが変わってきています。相手を素晴らしい存在として接することを実践していくとは自分の次元が上がることだと気づきました。（大阪在住・50代・営業職）

COLUMN

個人、組織、お客様

チェックの3つの欄を野球で考えてみるとします。バッターボックスには、ホームランバッターがいるとします。ここでバントを打てばゲームに勝てるけれど、ホームラン王になることを諦めないといけない状況です。

そのバッターはチームの勝利のためにバントを決断したら、それはチームという組織のため。ホームランを打ったなら、後々の自分の成績となり個人のため。チームから信頼される人は、個人の成績よりもチームの勝利を優先する選手です。チーム全体のことを考えたとき、勝利を考えるとバントを選択します。ヒットやホームランばっかり狙ったなら、チームからは「何だ、あいつは！ 自分のことしか考えない」といわれることになるでしょう。

だから、自分のため、チームのため、それが球団のためという、単位を変えてとらえるのです。そしてもっというなら、野球界、スポーツ界全体になると、さらに違ってくるでしょう。またオリンピックで世界平和のためにプレイすることだってあり得ます。そうなると、発想や決断、行動すべてに影響を及ぼします。長嶋茂雄さんは、なぜあんなに人気があるのでしょうか。それは、お客様のことをとことん考える人だからだと思います。次元が上がるとはこういうことなのです。

第4章

魔法の高次元手帳Q&A

Q&A

お客様を最優先して我が社が倒産しそうです

Q お客様の要望に応え続けていますが、勤務先の経営が成り立っていかない状況に陥っています。

今年の初めからお客様の要望を1つずつきいています。そうすることによって、お客様の業績とリンクして、当社の業績が下がってきています。お客様の会社は元々いい経営状態ではありませんでした。お客様の業績が下がって、我が社もそれに引っぱられています。

このままお客様の要望に応え続けようとすると、勤め先の会社が倒産してしまうかもしれません。

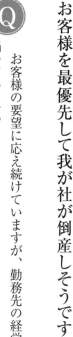

A　昔は、各家庭で黒電話を使っていました。今は、家族全員が携帯電話を持つ時代になりました。いまだに黒電話を使っている人は、黒電話を購入しようと思っても簡単に手に入りません。販売している電話機は、スマートフォンや携帯電話が中心です。黒電話を買いたいというお客様のニーズに応えられないということです。

お客様に黒電話を探して差しあげることもよいでしょう。でも、携帯電話のほうが便利なんですよ、と教えてあげるとよいと思いませんか。社会の変化を教えてあげて、より便利な物についても知ってもらうのも仕事です。

お客様目線は大切ですが、お客様と同じ次元にいるのではなく、より高い視点からみて、お客様の視点も上げて差しあげます。

あなたの次元が上がれば、お客様の要望に応えてあげることができます。

あなたが高い次元にいるとすれば、お客様とあなたとの中間の次元に存在する人も、あなたと同じ次元の人も新しいお客様になり得ます。

「決定」に正反対の2つを書きました

Q 「決定」を書いているときに、全く正反対のことを書き出してしまいました。

「依頼された仕事を断る」

「依頼をうけた仕事をこなす」

という全く相反する内容を書いてしまいました。このような場合は、どうとらえるといいのでしょうか。

A 決定はやると決めたことですが、実際に着手するのは遂行です。
自分の能力以上の依頼がきたので断りたいという場合、自分のキャパシティを確認します。AもBも持っています。Aを持っている限り、Bを持つことはできないと分析します。そして「Aを手放してから、Bを持つことにしよう」と決断します。

決定には、「Aを下ろす」と「Bを持つ」と両方を書いていきます。決定から遂行へ書き写すときに、何のためにAを下ろすのかが明確になります。Bを持つためという目的が明らかになります。

私たちは、何かを手放そうとするとどうしても未練が残ったり、いろいろ不安に思ったりします。でも、新しいものを得るためには、古いものを下ろさざるを得ないとなったときにその不安は消えてしまいます。

実際に頻繁にこのような選択に迫られるものです。経営者はそのときに、あくまでも自社がやるべき方向性を明確にして判断をします。将来どうなるかがはっきりしたときに、仕事を断ったほうがいいのか、それともお客様に変更を依頼するのか、あるいは新しいお客様と入れ替わっていくのかが決まります。

ひらめきに書くことを思いつきません

Q ひらめきの欄にスラスラと書くことができません。書けないことに何か問題があるのでしょうか。

A スラスラと書けないからといって気にすることはありません。ゆっくりでも、ひとつずつでもいいので、まず書いてみてください。いくつか書いていくうちに、だんだんと書くことを思いつくようになります。

毎日、自分のやろうと思うことを書いてください。

このひらめきは何を書いてもいいんです。

すぐ目の前のことを書いてもいいし、10年後のことを書いてもいい。

とにかく自分にブレーキをかけないということです。

あまり高すぎる目標だと「それは無理なんじゃないの」という声が聞こえてきそうですよね。そうすると、決定に書くこともできなくなってしまいます。このひらめきには、好き勝手なことを書いていいんです。できるかできないかは、後から考えましょう。

書いていると次第に「自分はあんなふうにやっていたから、このようになっていくんだな」と、客観的に自分を見られるようになります。そんなふうに客観視できるようになると、どんどん決定しやすくなっていきます。

そして決定をしていって、たくさん書きだしたなかで「特にこれをやったときに、他のものも全部よくなっていく」という急所が見えてくるようになります。急所が見えてくると、さまざまなことに勇気を持って取り組むことができるようになるのです。

まず仕事から、決定の効果が現れてきます。

「毎日感謝する」と遂行に記入しました

Q 決定の欄に「毎日、感謝する」と書きました。完了予定日には、どう書くといいのでしょうか。また完了確認日は書かなくていいのでしょうか。

A 基本的に、遂行すると決める内容は、具体的な結果の出やすいものにしましょう。たとえば、これだけの数字を上げるとか、確かな手ごたえの感じられることや結果が出やすいものにします。

いつまでに何をやるかということを明確にしやすいものにしましょう。

毎日、書かなくてはいけませんか

Q　この手帳は、毎日、書かなくてはいけませんか。

A　毎日この手帳を書くことがベストですが、毎日書いても、何日おきに書いても、書く人の自由です。しかしながら、朝でも夜寝る前でも、電車の中でも、自分が書きやすいときに開くようにしてください。

手帳に書いていくうちに、毎日のスケジュールが変化することがあります。一日の起床時刻や就寝時刻も変わるかもしれません。自分の意識が変わってきたときには、時間の使い方や毎日のタイムスケジュールに変化が起こります。

そして手帳には日記のような意味合いもあります。あの日はあんなことを考えていた、最近はこんなことを考えるようになっている、など自分でも気づかない変化を見せてくれるのです。

意識が上昇と下降をくりかえします

Q

手帳をつけていても、自分の思いが上がったり下がったり……日々、変化してしまいます。高い気持ちを持ち続けることが難しいです。

A

現実には、自分の所属する職場や家庭の意識が高い次元にあるとは限りません。自分を取り囲む環境が、かけ離れていることもあります。

そうすると、私たちは、ある程度その環境に歩調を合わせなくては、生きていくことができません。もしあなたがどの次元の人と会話しても、高次元に連れていくことができるなら、環境に巻き込まれてしまうことはありません。

でも、普通に無意識で関わっていると、巻き込まれていくものです。だから、あなたの次元を再確認できるように、手帳があるのです。手帳を開いたタイミングで、ハッと気づけるようになります。ある日、周りが変わっていたという状況をつくりだしていきましょう。

ＴｏＤｏリストとして使えますか

Q　いわゆるＴｏＤｏリストとして使ってもいいのですか。これまでも、毎日や一週間の単位で、こなさなくてはいけないことを、書き出すようにしていました。

A　ＴｏＤｏ＝やるべきこと、を決定欄に書いていきます。遂行日を決めたら、それはお客様のためなのか、会社やチームのためなのか、自分のためなのかをチェックします。

一見、ＴｏＤｏリストと大差ないように見えても、結果は全く違ったものになっていきます。

完了できないと落ち込みます

Q 完了予定日との欄がありますが、やってはみたけれども、その時までに完了できないことが重なると、だんだん気分が落ち込んで、自己嫌悪に陥ってしまいます。

A 完了できなかった場合には、もう一度、決定に書き入れます。そして、備考欄を使って遂行日を考えます。計画を立て直すのです。

なぜ、できなかったのか。自分の力が足りなかったとか、いろいろと見えてくるものがあります。再度、挑戦する場合には、前の失敗を活かして改善すればいいし、そうすることで完了できそうに思えてきませんか。何回書き換えても、何回チャレンジしてもいいのです。

シンプルすぎると感じます

Q　あまりにも簡単すぎて、効果が出るなんて想像できません。

A　これまでありとあらゆることを行ってきました。その結論が、余分なことをいれずに、難しくしないこと。簡単にシンプルにすること、でした。この手帳は、全世界の人、全人類を愛するわけですから、これ以上シンプルなことはありません。「こっちの人は愛するけれど、こっちは愛せない」というのは複雑にするだけ。

『魔法の高次元手帳』という名前を見て、中を開いてみた方が「ええっ、これで？」と思うに違いありません。それでいいんです。シンプルであればあるほど効果があるということが、この30年間の活動で分かったのです。「これで効果があるの？」と思ったら、試しに使ってみてください。このシンプルでいて、絶大な効果に驚くことになります。

手帳が現象面にもたらす変化を体験してみていただきたいと思います。

喜びの声

魔法の高次元手帳 体験談

○魔法の高次元手帳を書くと視点が変わってた！ びっくりするぐらい起こることすべてのタイミングがよくなってきました。（女性）

○魔法の高次元手帳を書き続けていたら、いつの間にか自分の意識次元が全く変わってきたことに気づきました。昨日は孫のお宮参りでした。主人も次男も行くつもりでした。でも「猫の体調が気になるから」と、急に主人と次男はお宮参りへ行かずに動物病院へ行くことに。お宮参りには、私と長男夫婦、孫の四人で行くことになりました。以前飼っていた猫も腎不全で亡くなっていただけに不安になりました。お宮参りに行く前に手帳を思い出し「お宮参りも滞りなく無事に終える。猫も大丈夫だった。異常なしだった。良かった〜！」と書いてそれぞれ目的地へ出かけました。帰宅したら猫は無事で、エサが原因だったと判明。主人と次男が珍しく二人で出かけて新しいエサを買いに行ってくれ、二人にちゃんと素直にお礼を言えました。お宮参りも天気に恵まれスムーズに終えられました。書いたことが現実になるだけでなく、それ以上に効果があることに感動しました。以前の私は、お宮参りや行事に参加しない主人や次男をこころよく思っていませんでしたが今は感謝できるようになりました。魔法の高次元をしているので時間の無駄が一切なくなりました。（主婦）

第5章

ニーズをつかむ

個人のニーズ

この章では、決定欄の「個人」「組織」「お客様はじめ地球上の全ての人々」について詳しく説明します。

私たちは、いつも自分のやりたいことをやって生活しています。着たい服を着て、住みたい家で暮らしています。「今夜は何を食べようかな」と、自分が好きな物を食べています。これらは全て個人のニーズです。

第3章まででお伝えした、決定ページの個人の欄にチェックする場合というのは、自分のニーズや、自分のやりたいことがあてはまります。

今、あなたが欲しいものはなんでしょうか。特に、お金をもらっていることに対して自分のニーズを書き出してみてください。

「技術を磨きたい」「能力をアップしたい」「給料を上げたい」「今の3倍の給料が欲しい」など、どんなことでもいいので、今の自分の気持ちを素直に書き出してみます。もし「今の5倍の給料をくれる社長と出会いたい」と思えば、正直に書いていいのです。自分の本当の気持ちに気づかないまま、生きているという状況にならないようにしましょう。

たとえば「家が欲しい」「車が欲しい」「自分の妻や子どもを幸せにしたい」というのも自分のニーズです。「売上を上げたい」というのも自分のニーズです。「お客様の売上を伸ばしたい」というのも、一見、お客様のニーズのようですが、実は自分のニーズです。お客様は売上を上げたいのは事実ですが、その希望を叶えてあげたいのは自分だからです。そしてそれは自分が所属している会社のためでもあります。その場合には、会社＝組織の欄にもチェックをします。

あなたが何かの仕事をしていたら、サラリーマンであれ会社経営者であれ、お金を支払ってくれる人が必ずいます。あなたの周囲には、お客様や取引先やいろいろな人が存在しているのです。そのことを意識しながら書いてみてください。

人間は、まず自分のことを考えます。でも、それは決して悪いことではありません。あなたは一個人ですが、会社にいれば会社という組織に所属しています。また家庭という組織のなかにもいます。

組織のニーズ

組織のニーズというのは、たとえば、会社がしたいこと、会社のニーズということです。会社の売上や会社の利益は、お客様には関係ありません。そして個人にとって関係ない場合もあります。会社を辞職してしまえば、以前、勤めていた会社であっても、ほとんど縁がなくなってしまうことも少なくないからです。

一方、個人はどこへ行っても自分を切り離せません。そのように分けて考えると理解しやすいと思います。

会社のニーズに沿わないで、自分のニーズだけ・個人のニーズだけで行動していると、職場で浮いてしまいます。「あいつは自分のことしか考えていない」と非難され、会社全体やチームワークを考えていない、上司の話を聞いていない人だと評価されることでしょう。ましてや社長の話をちゃんと聞いてないと、うまくいかないことはご理解いただけると思います。

　また、お客様の言葉に聞く耳を持たない会社、お客様のほうを見ないで社長ばかり見ているような会社は、当然、発展するわけがありません。

　家庭も組織です。子どもがオモチャを買って欲しくて泣いているとします。もしかするとその両親には、子どもにオモチャを買ってあげる経済的余裕がないのかもしれません。幼い頃には自分のことしか考えられなかった子どもは、やがて成長し家計のことも理解できるようになります。それは、自分が家庭という組織の一員だと自覚したともいえます。

　組織のニーズをなかなか書けなくても、1つでも2つでも、脳のとらえ方を変えていく訓練だと思って書いてみてください。考えているうちに、自然と物事のとらえ方に変化が起こり、物の見方が変わっていきます。もし、今の自分の考えが明らかに変だったとしても、それはそのままで大丈夫です。何よりも正直に書き出していきましょう。

　たくさんある場合には、いくつ書いても結構です。もし、あまり書き出せなかったら、それも自分だと思ってください。全ては己を知るということです。「私は普段、そういうことを考えていなかった」ということに気づければよいのです。

お客様はじめ地球上の全ての人々のニーズ

一度、自分とお客様に焦点を合わせましょう。お客様のことを考えて行動しなければ、事業の繁栄はあり得ないからです。お客様のためといいながら、それは社会のためでもあり、人類のためにもなる、という視点でとらえるようにします。「お客様はじめ」というのは、たとえば街なかにいる人がいつ自分のお客様になるかわからないからです。

自分の心を見つめたときに、会社のことを考えることも、お客様のことを考えることも、全てつながっています。お客様のことを考えることが会社のためにもなり、ひいては個人のためにもなっています。そうなると、自分も会社も繁栄していくのです。

お客様が求めているものに対して、自社が販売している商品が的はずれだったら、その会社はつぶれてしまうでしょう。だからお客様のニーズをつかんで、お客様が満足する商品やサービスを提供できなければ、会社の業績は伸びていかないのです。

たとえばあなたが会社員だとします。毎月の給料をもらうために働く、というのは個人的な理由にすぎません。でも、会社の売上を考えて業務に取り組んだり、社長のアイデア実現のために仕事をしているとすれば、組織を考えていることになります。

まず、この二つだけで考えた場合、どちらが昇給しやすいでしょうか。それは後者ですね。人間は、二つのことを同時に考えることができません。たとえば自分の給料は、雇ってくれている社長が上げてくれるものと考えているとします。でも、社長の立場からすると、会社の業績が伸びないと社員の給与を上げたくても増やせないわけです。だから、会社からお金を奪おうと考えるのか、それとも会社の業績を自分で伸ばして利益を上げ、その利益から給料アップを図ろうとするのか、それは個人の選択です。

社長としても、反感を持っていたり、不平不満ばかり言っている社員よりも、協力的で前向きな社員と働きたいと思うのではありませんか。個人と会社が力を合わせてひとつになったとしたら、そこからの相手はお客様になります。

個人事業主の場合、一番にお客様のことを考えるようになると、自分の行動も変わります。自分が社長でもある個人事業主の場合は、お客様が上司であり社長でもあるのです。

ニーズをつかめば繁栄する

まず自分自身の求めていること、次に会社の求めていること、そしてお客様・全ての人が求めているものに応えていくようにすると、自然と繁栄することになります。

お客様が求めていることに会社という組織で応える。そしてそれが、自分がやりたいことと も合致している。すると自分のニーズを満たし、社長と会社のニーズを満たし、お客様のニーズを満たすのです。こうなれば、物事がうまくいかないはずがありません。

自分のニーズとお客様のニーズが合致したときに、ものすごい力を発揮するんです。つまり相手のニーズ、お客様のニーズに合致したなら、それが全部そのまま自分の収入や豊かさに直結していくのです。

お客様やお金を払う人の立場や状況を意識してニーズをつかめれば、永遠に繁栄し続けることができます。

自分のことばかりを考えている人は、必ずどこかで行き詰まります。それは、全体を考えていないので当然のことなのです。

成功哲学のほとんどは、個人の目標や個人の欲を実現するものです。でも、この手帳は違います。人間の命を生かすため、人類のため、そして会社や個人のために。全てを合致させていることが従来の成功哲学と全く異なっているのです。

何回か書いていくうちに、決定欄に書かれる案件自体の、個人のニーズ、組織のニーズ、世界人類のニーズという、全体のニーズが見えるようになっていきます。そうなったら今度は個人個人のニーズ、そして相手のニーズ、お客様のニーズ、それを合致させればいいのです。

まずは個人の欲求を叶えましょう。会社の売上だとか建前だけではありません。自分の欲求を抑える必要はないんです。欲求こそが、物事を前進させる推進力にもバネにもなるし、モチベーションにつながるからです。

もし、全人類のためや会社・家庭のため、個人のために……とこれら全てが一致すると、とてもうまくいくようになります。そうなると、意識が変化して手帳に書く内容も変わり、これまでよりも的確な判断ができるようになります。

矛盾と無駄をなくす

多くの人は、自分のニーズを満たすためだけに行動しがちです。それは悪いことではありません。チェックする作業を通して、これまでは自分のことだけを考えていたことに気づきませんでしたか。個人にチェックをつけていると、「自分中心に考えている自分がいる」と自覚するようになります。全て個人の欄だけにチェックをつけた人なら「今まで個人プレーをしていた」と知るきっかけになります。「ああ、だからこれまで人とぶつかってきたんだな。全体から見ていれば、もっとスムーズにいっていただろう」「これまで自分のことだけを考えていたから、全体のことを考えることが必要だな」と。

そう思ったら、「組織」にもチェックしてください。ただ、先にも述べましたが、最初から無理に「個人」以外にチェックしようとしないでください。正直な気持ちで取り組むと、今の自分が分かってきます。自分の次元が見えてきます。

この手帳で、一度は、自分のわがままにも思えるように、個人にチェックを入れます。

でも、よく見ていくうちに、「本当はこれは会社のためだった」と気づき、個人と会社と2か所にチェックを入れることになります。そうなると、自分が個人のエゴでやっていたと思っていたことが、実はそうではなかったということを発見できます。

この手帳は、チェックを入れるだけで会社や全体のニーズを意識します。その数秒間のわずかな時間がとても大きな力を発揮します。

自分の売上を上げたい、給料がもっと上がる、それは自分のニーズです。お客様に喜ばれることを思いっきりやることによって、売上が上がる。売上が上がったら自分の給料が上がる。給料が上がったら家族も喜び全てがよくなる。どこにも矛盾がありません。思いっきり力を発揮できると思いませんか。

私たちは肉体を持った個人でもあるし、グループにもいるし、世の中全体全部に存在しているわけです。だったら、そこに矛盾がなくなればいい、これを全部チェックして矛盾がなくなってあなたの世界から対立がなくなります。「どちらのため」ということがなくなると、お客様をはじめとする全ての人々の欄全部にチェックが付くようになり、矛盾が起きなくなってくるでしょう。

意識を方向づける

相手のニーズと自分のニーズが合致していたら、無駄なことを考える時間がなくなります。決定の個人と組織とお客様はじめ、地球上の全ての人々。この三つを意識した瞬間に、脳が勝手に変わっていきます。時間とともにあなたの次元は上がっていきます。視野が広くなり、思慮深くなり、高い視点から全体像を見渡せるようになります。人の相談にも乗ってあげられるようになるし人を裁かなくなります。人間的に大きくなって全体を俯瞰し、人の気持ちを分かってあげられる人になります。

地道に続けていると、徐々に自分の脳が変わって、とらえ方が変わってくるんです。後から見たときに気づきます。人間の意識というのは意識するだけで現象面に変化を起こします。あなたの人生だって、意識して今の会社にいて、意識して恋愛相手を選んだでしょう。意識するだけで全部変わってきます。それほど意識の世界はすごいんです。そこを意識するだけで、今までは自分のことだけでも、だんだん会社全体のことを考えるようになります。お客様のニーズをつかめるようになります。1年間、来年まで毎日続けていくと、意識が変わってきて起きる出来事が変わってきます。

「社長はこういうものを求めている」と意識するだけで脳が方向転換します。すると、自然と発想や言葉に現れてくるのです。

自転車で走行中に向かう方向へ意識を向けて、ハンドルを向けるとその方向へ走っていくのと同じです。意識する方向が違うだけで、たどり着く場所に大きな差がでるのです。意識を向けるというのは、ハンドルを向けるみたいなもの。たった一回チェックするだけで方向が変わります。それがチェックだと思ってください。

毎日立ち止まりながら、自分の意識が変わったことも判断できるようになるでしょう。それを無意識でできるようになったらいいと思いませんか。自分の問題を実現するための脳なのか、それともチームワークのための脳の使い方なのか。たとえば100人の従業員がいるなら全員をまとめられる脳を創ることができます。

低空飛行から無重力飛行へ

人間関係の次元が低いまま物事を前に進めると、人とぶつかってトラブルになりますし、健康も害することになります。サッカーや野球といったスポーツでいえば、チームワークが悪くなり、相手に勝てなくなってしまいます。

人間関係やチームワークはとても大事です。みんなの力をひとつに合わせることで、爆発的な力が出るのです。

たとえば飛行機を例に考えてみましょう。1階の高さで飛行したとすれば、低空飛行なので必ず障害物にぶつかったり家屋に衝突します。しかし上空を飛ぶようにすれば、ビルにも山にも衝突しません。さらに上昇して大気圏を抜けると、エンジンもいらなくなり無重力飛行ができるようになります。上空を飛行すると、これまでのように必死にエンジンをかけて力んで飛行しなくてもよくなります。そして地球全体を見渡せるようになります。そうなるとあらゆる物事を見通し、全ての道が見えるようになってくるのです。

飛行機も、低空飛行していると、家にぶつかってしまう。もう少し高く飛べば、家にはぶつからなくなるが、高層ビルにぶつかってしまう。もっと高く飛べば、高層ビルにはぶつからなくなるが、山にぶつかってしまう。さらに高く飛べば、何にもぶつからなくなる。さらに、大気圏を抜けてしまうと、エンジンさえもいらなくなる。意識次元を上げるに従って、衝突する人やトラブルが少なくなるのである。

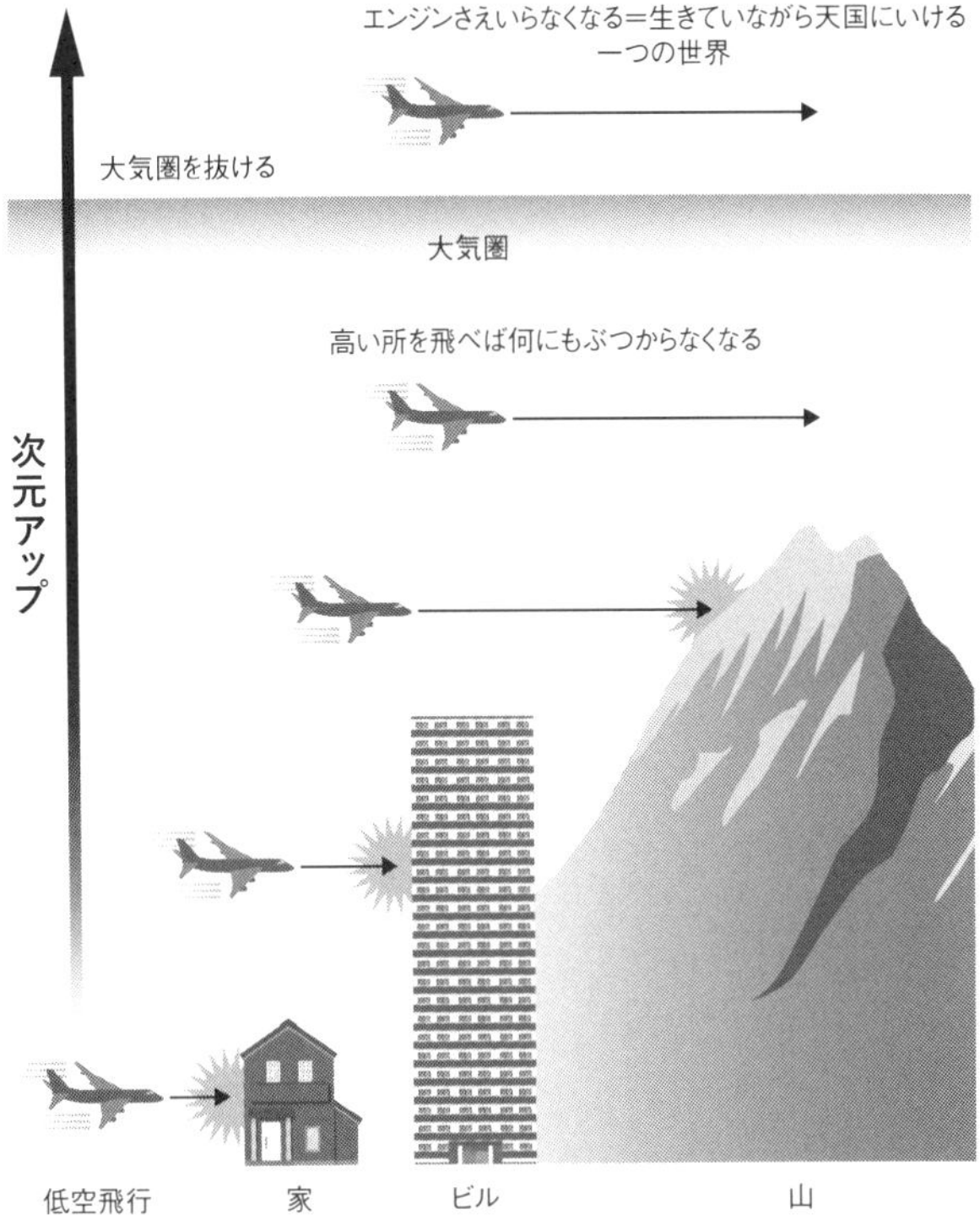

低空飛行をしているといろんなものにぶつかる
＝人間関係のたとえ

1階で物事を見ていると、そこに壁があれば一寸先は見えません。それでは怖くなるのは当然です。このままアクセルを踏みこんだら、ものすごいスピードで衝突するかもしれないし、その向こうに何があるかも分かりません。ひょっとすると崖かもしれません。

でも、上空からだったら、向こう側に崖があるのも見えるでしょう。道も、こっちがだめでもあっちがある、引き返しても大丈夫、と多方向を見ることが可能です。

自分の意識さえ変われば、全体像が見えてきます。全体像を把握したうえで「あの町をこうして、この町をこうしよう」という発想ができるようになります。すると大きな仕事を成功させることが可能になっていくのです。

喜びの声

魔法の高次元手帳 体験談

○とてもシンプルで、書くだけで次元アップができます。自分を認めることができます。びっくりするくらい、シンクロが多いです。主人が私のことを認めてくれて、最大の協力者でありました。もし、今後、カウンセラーの仕事をしたいなら、期限期日を決めて早くした方がいい、もし、お金が必要なら出すと言ってくれました。（主婦）

COLUMN

結婚相手を探すには

結婚するには、自分と相手の2人が必要です。そこに家族も関ります。○○家という組織です。彼氏や彼女というのは、兄弟や親戚ではありません。その段階では、他人のカテゴリに入ります。他人の中で当然、異性です。異性全体ととらえると、世の中の全体が対象になるかもしれません。

COLUMN

部屋を掃除する

家の自分の部屋を掃除する＝個人のため。会社でも掃除する＝個人・組織のため。さらには、きれい好きになる。掃除をすることによって会社もきれいになっていくし、机周りもパソコンの中のデータも整理整頓するようになっていきます。そうすると、無駄な時間がなくなってきて、業績が伸び、会社からも高い評価を得られるようになります。そして、お客様にも早くて質の高いサービスができるようになったとすれば、個人・会社・お客様の3つ全てにチェックがつきます。自分の部屋の掃除から始めても、会社やお客様に広がります。3つが同時によくなるということが起こります。だから、仕事が順調になるのと家族が仲良くなるのと同時に起こっていくことになります。あなたはその人格でその顔で家族に向かい、その顔で職場の同僚に向かい、その顔でお客様に接していきます。どこで見せる顔も同じになっていきます。

恋愛関係のニーズ

恋愛中の男女の場合、恋人は「個人」と「組織」と「お客様……」のどこにあてはまるでしょうか。

人が人を好きになると、ドキドキしたりワクワクしたりしますね。恋愛特有のときめく感情というものは、自分にとってとても心地いいものだと思います。この場合「私はあなたのことが大好きです」という感情は、恋愛の喜びを楽しむ自分のためのものです。

でも、自分のことばかりを考えていると、相手の気持ちが離れていってしまいます。片思いであれば、相手の心を自分に向けてもらうことはできません。なにも恋愛テクニックなど知らなくても、本当に相手のことを好きになると、相手をいろいろと思いやることができるようになります。

性愛を考えてみると、よくわかります。自分の快感と相手の快感が一致したときに、新しい命が宿るわけです。私が言うGive＝Take（ギブ・イコール・テイク）です。与えることはもらうこと。男女の関係では、その訓練をしているといえます。

恋愛は、自分も相手も両方に喜びがあふれている状態が一番いいわけです。そうすると、自然と二人の関係性は長続きします。双方が幸せだったら、そのまま幸せな状態が持続していきます。もし片方が不幸せで、片方だけが幸せだったとしたら、交際は遅かれ早かれ終わってしまいます。自分が相手のためを思い行動しているのに、相手は違っていて自分のことばかりを考えているとしたなら、どうでしょうか。一方が求めるばかりで、一方が与えるばかりだとしたら、うまくいくはずがありません。お互いのニーズを一致させられたら良好な関係を築けます。

あらゆることは自分の欲求と相手の欲求が合致したときにうまくいきます。恋愛関係においては、まず相手の欲求を理解してあげることが、交際のための必要条件になるのです。

サンタさん営業とドロボー営業

成功する人は、多くの人に与えて喜ばれる人です。クリスマスにサンタさんが、たくさんの子どもたちにプレゼントを渡して喜ばれている姿を思い浮かべてみてください。

私は、プレゼントを与えるサンタさんのような営業スタイルを「サンタさん営業」と呼んでいます。反対にお客様からお金などを奪い取るかのように考えている営業スタイルを「ドロボー営業」と呼んでいます。決して金品をドロボーしているわけではありませんが、自分さえよければよいと考えているからです。

サンタさん営業はお客様中心ですが、ドロボー営業は自己中心的です。

サンタさん営業をした場合に、自分の欲求を全て抑えて、お客様の欲求だけで考えてしまうと、長続きしないことがあります。自分の欲求を無視していると、モチベーションが上がらないからです。でも、それが**自分の欲求とお客様の欲求が完全にひとつになったときには、爆発的な力を発揮できます。サンタさん営業が成功するというのは、**そういう意

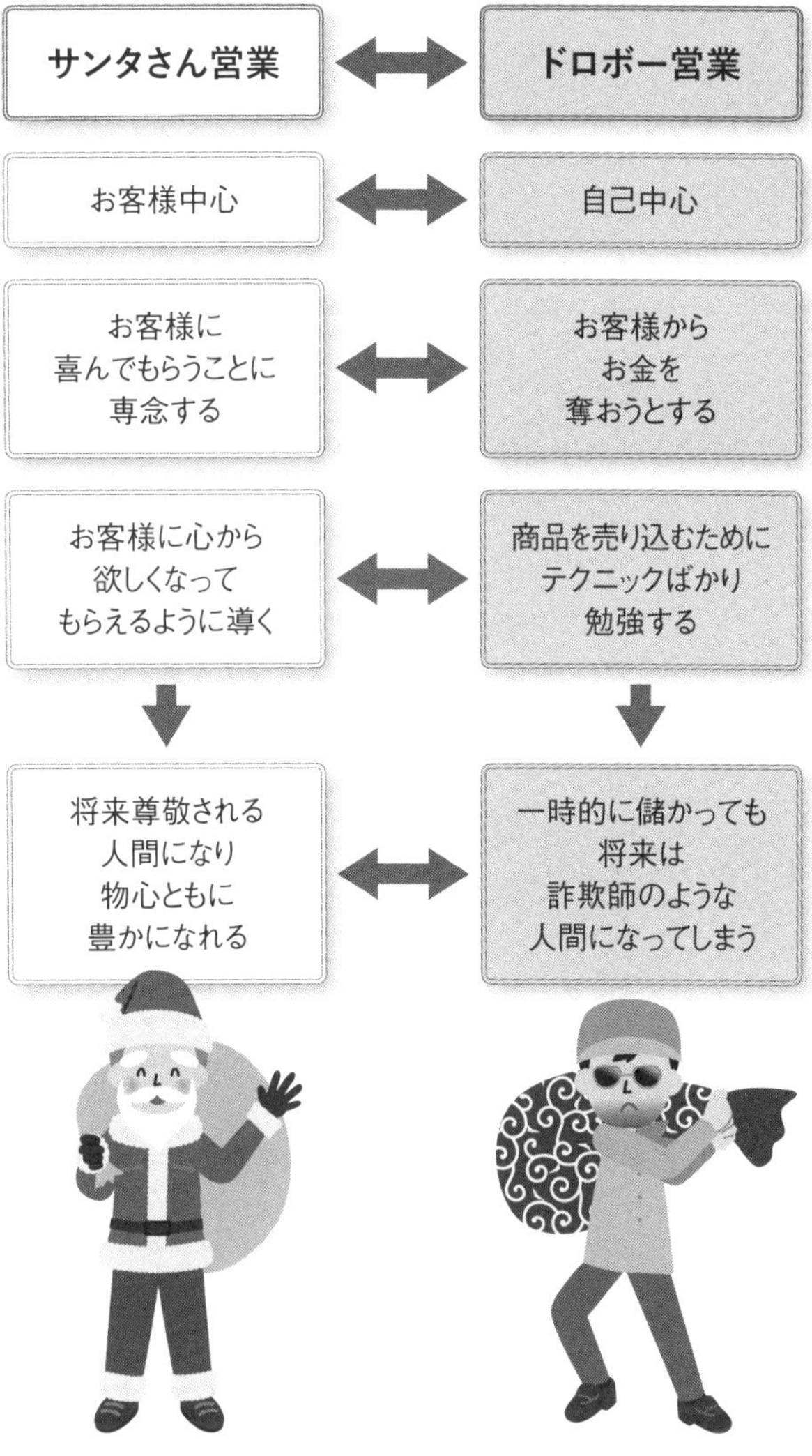
サンタさん営業
ドロボー営業
お客様中心
自己中心
お客様に
喜んでもらうことに
専念する
お客様から
お金を
奪おうとする
お客様に心から
欲しくなって
もらえるように導く
商品を売り込むために
テクニックばかり
勉強する
将来尊敬される
人間になり
物心ともに
豊かになれる
一時的に儲かっても
将来は
詐欺師のような
人間になってしまう

味なのです。

「サンタさん営業は、自分の欲を持つのはいけない」と極端に理解してしまう人がいますが、決してそうではありません。それは、そもそものサンタさん営業を誤解しています。ちゃんと自分の欲求を満たして、相手のニーズに応える。その二つが合致することが重要です。サンタさん営業に限らず、自分の欲求をしっかりと持っていいですし遠慮しなくていいんです。

個人のニーズは、そのままやる気につながります。でも個人の欲だけを追求すると、うまくいきません。相手の欲だけになってしまうと、今度は自分のパワーが出ません。

毎日、おなかがすきます。何かおいしいものを食べたいでしょう？　それも欲求です。お金がないと食べられないわけです。もう少しいい生活もしたいでしょう？　それにはある程度のお金が必要です。お金は、ビジネスでは、お客様が運んできます。お客様は自分が豊かに幸せになりたいからお金を払います。どちらも豊かになりたいことは同じで、変わらないわけです。だから、両者の欲求がピタリと一致したときに、大きなパワーが生まれるのです。

COLUMN

お客様のことを考えるとは

私が営業の仕事を始めた当初は、いつまでにこれだけ金を儲けて店を持つんだ、と自分のことしか考えていませんでした。でも、自分のことを考えているだけでは、宝石は売れません。ところがお客様のことを考えるようになったときに、はじめて面白いように売れるようになったのです。当時の私は23、24歳でした。

「奥さん。これは子どもの形見になるんですよ。子どもはずっとお母さんに叱られたこと、褒められたこと、それを忘れずにお母さんの愛を感じるんですよ。お母さんが亡くなったときも。そしてこの宝石が代々、孫にまで受け継がれていくんですよ。こんなに素敵なものは他にはないと思いませんか。これは宝石でも石でもありません。お母さんの愛そのものになるんです。それを形見と言うんですよ」と。

「こんな指じゃとても指輪なんて似合わないわ」という女性に「何を言っているんですか。それは夫のために、そして子どものために一生懸命働いてきた証じゃありませんか。こういう指を美しい指と言うんですよ。何もしない指をきれいな指とは言わないですよ。奥さんがこの指輪をしなきゃ、誰がするんですか」と話をしているうちに、お客様が感激して泣き出してしまうこともありました。

ニーズ、シーズ、神シーズ

ニーズとは、相手が求めていることをいいます。

そしてシーズとは種のことですから、相手が気づいていないことを発見する、潜在的なニーズのことです。

さらにもっと命にまで関わる潜在的なニーズを、私は「神シーズ」と呼んでいます。

一般的なビジネスでは、お客様の命のことまで考えたりしません。でも、お客様が長生きできるようにと考えられた健康食品だったら、大人気商品になると思いませんか。

組織のニーズは何か、お客様のニーズは何かを意識するように心がけてください。

男性は女性になったことはありませんし、女性は男性になったことはないのです。相手のニーズは何かを意識するだけで、男女の関係性は目に見えて変化していきます。

住まいの場合は「こんな家が欲しい」というのはニーズ。シーズは暮らしやすさ。冷暖房や庭、近所づきあいなど、快適な住居のこと。神シーズは、家族その命を守るために安全な家であること。

女性は、美容院に行き「こういう髪型にしてください」と美容師さんに伝えます。お客様の持参した写真や雑誌の通りにしてあげるのが、ニーズに応えるということです。

私はこの女性には、ニーズのほかに「シーズ」があると考えています。お客様の希望は、その髪型にすることではなく、実は「人からうらやましがられるくらい、きれいになりたい」ということだと思うのです。

シーズとは潜在的なニーズのことですから、それは化粧だったり、洋服だったり、アクセサリーだったり、その女性を美しくするものすべてです。

目的は髪型ではありません。ニーズは本人が望むように提供することですが、シーズは隠れているニーズということです。ニーズ、つまりシーズは「きれいになりたい」というニーズを発見して満たすことです。

神シーズというのは、女性の美に対する憧れであり、それは命から派生している部分です。女性は美しくなることによって素敵な男性と結婚して子どもを生み育てる――。これが神シーズなのです。

COLUMN

心のゴミを出す

あなたには恨んでいる人、憎んでいる人はいますか？　思いっきり恨んでください。親でも誰でも思いっきり恨んで、恨んで、恨みぬいてください。自分の心の奥にある感情を正直に出してください。「感謝しなさい」というのは、「嘘をつきなさい」と言っていることと同じです。後から次元が上がったとき振り返れば、「ああ、こんなことを思っていたんだ」と思える日が必ずやってきます。自分のことを客観的に見ることができ、進化したことを実感できます。

COLUMN

ソファカバーの取り替えは誰のため？

「店内の汚れたソファカバーを取り替える」と決定事項に書いたとします。この場合、「自分が汚いカバーを見るのが嫌だ」というのは個人のニーズです。「ほかのスタッフからも取り替え時期だという意見がでている」となると、これは組織のニーズです。「汚れているのはイメージが悪い」というのもそう。そして、個人と組織と両方にチェックします。「お客様に清潔なソファで気持ちよく過ごしてほしい」となれば、お客様のためです。お客様の欄にもチェックをつけて、３つ全部にチェックすればいいのです。自分も、スタッフもそう思っている。お客さんもそれを望んでいる。３つがそろったら、実行しない理由は存在しないと思いませんか？　これが全体を意識したことになり、もっとも強力なパワーにつながっていきます。

第6章

決定&遂行のポイント

ひらめき→決定→遂行　三段階の理由

ひらめきを書き、決定してから遂行する。この三段階にしたのには理由があります。ひらめきは、あなたのアイデアを止めないように、せっかくのアイデアを忘れてしまわないように、どんどん書くためにあります。そこからやりたいこと、やるべきことを決定していきますが、一人の人間が一度にできることには限界があります。時間にも限りがあります。いっぺんに多くのことを進めることは不可能です。

だから決定したなかから、もっともやらなくてはいけないこと、やろうと思うことを選んで、自分で着手日を設定します。着手するその日がくるまでは寝かせておきましょう。さらに期限を区切るために完了予定日も決めておきます。

いろいろと思いついたり、役立つ知恵が出てきたりするわけですが、それを一気に全部やろうとして、全てが中途半端に終わってしまったことはありませんか。だから、そんなふうにならないように、**着手するものを選ぶこと、そしていつからスタートさせるかを管**

理することが大切です。常に決定し、その後に遂行するものを選ぶようにします。

喜びの声

魔法の高次元手帳　体験談

◯ある日、社長の心と仕事をサポートすると手帳に書きました。「個人」「組織」「すべての人々」の三項目にチェック。後日、会長と社長でミーティングをしたそうで、これがなんと四時間。意見が合わず平行線のままで、バトル状態だったとのこと。その終了後に私に電話があり、相当な不満とストレスを抱えている様子でした。その翌日は、私を含め三人でミーティングをする予定になっていました。最初は険悪な雰囲気が若干感じられたものの、数分後には良い雰囲気で話が進み、険悪さは全くない状況でした。私は特に雰囲気を良くしようという意識をしたわけではなく、良い意見があれば「それは素晴らしい意見ですね」などとコメントをしていたぐらいで、自然にミーティングに参加していた、といった感じでした。そして、なんとたった四十分ですべてが円満解決。二人でのミーティングで平行線だった話が、三人になると好意的、協力的に話が進んでしまいました。一日前にはバトルだったというのが、全く感じられません。翌日出社すると、社長は私を見るなり、とても興奮して、「昨日の対応が素晴らしかった！　あなたのおかげだ！　私の意見のフォローも絶妙！　雰囲気も良いまま話が進んで、本当に良いミーティングだった！　ありがとう！」と深々と頭を下げてお礼を言われました。手帳に書いたことが、即実現してしまったので、これは驚愕でした。（55歳・営業・男性）

直感で取捨選択する

決定に書いた項目のなかで、どれを遂行していけばいいのかわからないという人がいます。また、全部やりたくなるという人もいます。

どうやって決めるといいのでしょうか。

答えは、自分の直感を頼りにすることです。もし誰か他人のつくった基準に照らし合わせて取捨選択したところで、あなたのことを決めるための役には立ちません。

なぜ自分で決めなくてはならないのかというと、そのときそのときであなたの意識は変化しているからです。その変わったときの自分の意識を書き記すのです。

でも、もしかすると一晩寝て起きてみたら、そのときには考えが変わっているかもしれません。その場合には、もう一度、遂行を書き直してみるといいのです。

そんなふうに**遂行を選ぶことで、自分の意識の状態を知る手がかりにします。そして、この作業こそが、あなたの直感を鋭くしていくのです。**

いつまでにどういうことを、どういう対象に向かって実行するのかは、あなたの次元が上がっていくに従ってだんだんと見えてくるようになります。

自分が本当にやるべきことは何なのか、特にこれは絶対やり遂げなきゃいけない、と自分で自分の「急所」が分かるようになっていきます。

決定の段階は、まだ遂行とは違います。スタートは、明日からでも、3か月後・3年後からでもいい。それをあれもこれもしなくてはいけないと頭の中だけで考えていると進化しません。

自分にとって優先順位の1位は何か、2位は何か、と意識して絞り込まなくても、手帳を毎日使っているうちに瞬時に選択できる力が素早くついてくるのです。この手帳以外のことでさまざまな決断が必要な場面でも、判断できる力が自然と備わってきます。

個人の状況に応じて決定する

決定とは頭の中のことを平坦な手帳に書くだけです。決定する内容は、家庭、健康、仕事など、さまざまな分野にわたります。その分野ごとに区切って洗い出していくほうがいいと思われるかもしれませんが、そうではありません。

人それぞれ複雑な状況があるものです。

たとえば、経営者であっても家庭を持っていれば、家庭サービスをしなくてはいけないわけです。ところがこのままだと会社が倒産してしまうという危機的状況の場合もあります。だとすれば、会社のことを最優先にしなくてはいけません。家庭のことは、会社を建て直してからでも間に合います。

たとえは極端ですが、家が火事になったなら、まず火を消さなくてはいけないですね。

夫婦関係で離婚しそうな状況であれば、まず夫婦の話し合いが先決です。このように複雑な状況の中、どこの何を1番にすることになるかが分からないということです。その時々の状況によって変化していくので、分野別に考えるということはおすすめしません。

人それぞれ抱えている事情が違っていると述べましたが、でも、それはあなた自身が一番よく分かっていることなのです。だから、自分で決めてほしいのです。今の自分にとって「このことを行動に移すと全体的によくなる」という感性を磨いてほしいと思います。

一切の制限を外して思いつくまま、たくさん決定してください。何回も何回も決定をくりかえしているうちに、「ああ、私の急所はここだな」ということが見えてくるようになります。自分のやるべきことや優先順位が明確になっていきます。その急所をおさえることができたら、あとは的を絞って行動していくことができるようになります。

あなたのことを決められるのは、あなた以外にいないのです。

これは！　と思ったら即決定

決定→遂行を日々行っていると、直感が冴えてきてアイデアや知恵がどんどん浮かんでくるようになります。思い浮かんできた考えはひらめきページに書いて、その中から「これは！」と思うものを全て決定してください。その時点で遂行するかどうかの判断はしなくていいのです。

頭に思い浮かんだこと、つまり四次元の世界を書くということで、三次元の世界で見えるようにすることが重要です。

後から見なおしたときに、おかしいと思ってもいいのです。その瞬間瞬間の自分の意識を書き残しておくようにしましょう。その思いつきを加工したり変化させたりせずに、正直に書くようにしてください。「人をだましてでも俺は成功してやる」と思ったら、そのままでいいのです。

もし後から見なおして、「これは世界人類のためにもなるし、会社のためにもなるし、個人のためになる。全体のためになる」と思ったら、それを遂行したいと思いませんか。

決定というのは、「できる」という前提なんです。「やる」という前提なんです。そうやって決定していると、あなたの中の何かが変わってきます。まず、これをやる！　と決めます。でも、やると決めただけで、明日からやるとは言っていないし、来年からやるのかもしれません。それでいいんです。やることだけを決めて、いつから始めるのかを考える必要はありません。

ただ「無理です」とは言わないようにしましょう。まず決定して、どうすればできるかは、その後から考えればいいのです。

決定は、自分の中にある「できない」という壁を壊すために行うのです。どんどん好き放題たくさん書いてみてください。書けば書くほど、あなたの心にある強固な壁を打ち砕いてくれるでしょう。書いて書いて書いて、書きまくってください。もう自分の心にブレーキをかけるのは、やめましょう。

COLUMN

皿洗いを別次元から見る

私が初めて東京に出てきたときに始めた仕事は、皿洗いでした。来る日も来る日もお皿ばかり洗って、いつもビショビショになって大変で「こんな仕事もう嫌だ」と思いながら毎日働いていました。

その頃から将来、経営者になることを決めていた私は、経営者目線で考えてみると自分の部下を育てて人材を育成しないといけない、と考えなおしたのです。そうなると、愚痴や不満なんか言っていられなくなりました。そして、やる気のない同僚を喫茶店に連れていっては愚痴を聞くことを続けていたのです。1時間程度、「そうか、そうか」と愚痴を聞いてあげてから「でも考え方によっては、君にとってものすごいチャンスなんじゃないか。そんなに無能な先輩なんだったら、追い抜いてしまえばいいじゃないか。愚痴を言ってるひまがあったら、がんばれよ」とアドバイスしていると、ほとんどの人が、やる気を出してくれました。

その後、人材育成事業を始めた私は、自分の注力したいことがレストラン経営ではないと気づき、それまでのチェーン店経営を一切辞め、今の活動一筋に切り換えたのです。

第7章

次元上昇のポイント

物事はとらえ方次第

私が14歳のときに、おふくろが亡くなりました。そして15歳のときに、東京に出て働き始めました。それは遠い過去の話です。

私の母の死を、「あれは不幸な出来事だった」ととらえることもできます。あるいは「おふくろを早くに亡くしたことで、早い時期から私に独立心が生まれたんだ」ととらえることもできます。母の死という出来事があったからこそ、早く社会に出て成功しようと一念発起して、今があるわけです。

遠い過去の出来事であっても、今の自分次第で、受け止め方を変えることができます。たとえそれが何年前のことでも、何十年も前のことだったとしてもです。

過去の出来事を変えられるのなら、今この瞬間を変えていくことができるということ。当然、未来は今から変えられるのです。

一番高い視点に立てば、過去も今も未来も全部、同時に変えることができます。

物事のとらえ方は無限にあり、それを変えることができます。
この手帳を使っていると、これまで自分の視点からしかとらえられなかった出来事を、別の視点でとらえられるようになっていきます。本書でくり返し述べてきた通り、意識しなくても、ただ書いているうちに、だんだん脳が変わっていくからです。

物事のとらえ方は、自分の背負っている記憶に起因します。記憶とは、人に内蔵されているプログラムのようなものです。あるデータを入力すると、決まった結果が出てきます。入力するデータが同じでも、引き起こされる結果は人によって異なります。

次元とは物事のとらえ方のことでもあります。あなたが過去のとらえ方を変えれば、あなたの次元が変わります。

現象に変化をもたらす

この世の中で起こる出来事に偶然はありません。全てが必然です。全て起こるべくして起こっています。原因があり結果があるわけですが、その両方を同時に変えていくことができたらいいですよね？

この手帳を使っていくと、あなたの次元の上昇にともなって、現象面に変化が起こってきます。それは偶然の出来事ではありません。

通常は、人間の思いが現象に現れます。思考が現実をつくるといわれるものです。しかしこの手帳で現象面に変化が起こるのは、それとは違います。

思考そのものが変化し、その念波が変わるんです。思いが変わると、その人が発するエネルギーも変化します。

思考自体の変化があなたのエネルギーを変化させていきます。

あなたは無限に幸運になれます。
あなたは無限に幸福になれます。
あなたは無限に豊かになれます。
あなたは素晴らしい人生を送ることができます。

人はプラス思考で生きようと思っていても、簡単にはできないものです。

思考が現実化する、その思考そのものが変わっていきます。
普段通りの日常生活を送りながら、毎日、次元が上がっていき、現象面が変化するのを体験していただきたいと思います。

自分を褒める

「私は素晴らしい」と認めることは、自分を生んでくれた両親を褒めることになります。そして、祖父母や先祖を褒めることにもなります。そこには「私を生んでくれてありがとう」という感謝の思いがあります。

一方「私は駄目なんです」という人は、一見、謙虚そうに思えますが、実は傲慢だといえます。否定しているのは自分ではなく、父母も祖父母も含めて先祖全てを駄目だと言っていることになるのです。「私なんて駄目」と自分を否定することは、謙虚ではなく傲慢さの現れなのです。

父母がいて先祖がいるから、あなたが存在しているんです。そのことを知って、自分を認めることこそが一番、謙虚な姿勢です。

ただ職場などで「私はこんなに素晴らしい」と発言してしまうと、周囲から「あの人は傲慢な人だ」と誤解されてしまいます。だから、自分が素晴らしいことは認めつつも、「あなたはなんて素晴らしいんでしょう」という前提で相手と接するようにします。

相手にも、父母、祖父母、先祖がいます。その先祖も含めて相手を認めるのです。そうすれば、さまざまなことがスムーズにいくようになります。自分を認め、相手も認める。常に謙虚な姿勢で生きてほしいと思います。

私たちの悩みの大半は、人間関係に関わることです。多くの人は、自分を変えたいと考えて努力をします。しかし、本来の素晴らしい自分、真我はすでに自分のなかに存在しています。その素晴らしい本来の自分で周りの人と接することができれば、良好な人間関係を築くことができます。

伝え方を工夫する

良好な人間関係を築くためには、話し方や伝え方も大切な要素です。あなたが心のなかでどんなに相手のことを思っていても、その思いをうまく相手に伝えられなければ、理解してもらうことは難しいものです。

自分がとても感動した映画のよさを伝えたくて、せっかく教えてあげたとしても、相手に映画のよさをうまく伝えられなかったら、その人は映画を観ないかもしれません。あるいは何年も後に観るかもしれません。ようやく映画を観てからはじめて「とても素晴らしい作品だった」と思ってくれたとしたら、どうでしょうか。先に作品を観ていたあなたが、もっと早くに気づかせてあげることができたわけです。

相手に物事のよさを具体的に理解してもらうためには、表現方法や伝え方に工夫が必要になります。

普段、あまり自分の発する言葉を気にせずに会話をしている方は、自分が聞く人のことを想定してわかりやすく伝える努力をしているか、意識してみてください。

言葉の使い方は、手帳に書き込む際にも訓練することができます。

あなたが営業マンなら「お客様の売上を上げたい」ということは、「お客様の売上を上げるお手伝いをしたい」と書くといいと思います。

「お店の収益を伸ばしてあげたい」
「業績を上げるお手伝いをしたい」

という書き方もできます。それを言葉の訓練だと意識して行うようにします。
「私はお客様のお力になりたい」という言葉もいいです。

手帳に書く言葉の使い方は、徐々に変わっていくことになります。日々、工夫を重ねながら、人と会話するときにも自然とていねいな言葉づかいができるようになるでしょう。

全体からの視点をもつ

あなたには、あなた自身の最高の生かし方、役割、使命があります。

あなたが役割を果たせるかは、社会のニーズと関係しています。あなたの行動が、社会全体が求めているニーズに応えられているかどうか、ということを見つめてみてください。

会社という組織の部分でとらえるのか、それとも個人としての活動かによっても、ご自身の生かし方は違ってきます。

「どのように行動すれば役割を果たせるだろうか」と考えることが習慣化すると、あなたの脳が変わっていきます。

自分では、次元が上がっているかどうかは、分かりにくいものです。

この手帳の決定欄には、個人のニーズ、組織のニーズ、そしてお客様や社会のニーズがあります。この欄にチェックすることを日々繰り返しているうちに、自分という個人だけ

のことを考えずに、周りを見渡し、全体を考えたうえで発言したり、行動をしたりできるようになっていきます。

手帳に書くときに、あなたが変化を自覚できる日が訪れます。

「いつの間にか、自分は周りのことを考えられるようになったな」
「いつからか社会全体のことを考えられるようになっているな」

そのための行動は「チェックをする」ことだけです。現代人は忙しい毎日を送っています。だから、なるべく面倒なことを省いています。なぜなら、ずっとチェックすることを続けて、自然とできるようになってほしいからです。

全体のニーズをわかるようになると、おのずと繁栄がもたらされます。それは、個人も会社も家庭も社会も全てつながっているからです。全体を考えられる人は、発想が変わって、思いつく知恵が変化します。そうなると社会にも受け入れられやすい存在になります。

すべてが協力者に変わる

成功したりお金持ちになったりするには、目標を明確にすることが大事です。深く考えずに思いつくままに目標を立てると、そこには自分の願望が現れます。自分の願望、自分の欲求、自分の夢、自分の希望……。「自分、自分、自分」。エゴとも言えるでしょう。エゴの目標を達成するには、エゴの時間の管理をしていかなくてはならなくなります。自分中心の目標設定をし、自己中心的な時間の使い方をするようになるわけです。あなたからは、自分優先のエネルギーが発せられている、と周囲の人は感じるでしょう。

そうすると、その目標や時間はあなたにとっては大切なことですが、あなたの周囲の人、つまりあなた以外の人にとっては、あまり関係がないことになります。自分とは関係のないことには、協力する気にならないものです。

この手帳に書き込むことで、自分だけの目標をかかげていた意識から、組織の目標、人類の目標という、より広い視点の目標を意識していくようになります。

それが「次元が上がる」ということです。

するといろんな人の要望も全部応えてあげることが可能になっていき、あなたの意識に引き寄せられるように、すべてが協力者に変わってくるのです。

時間の管理と同時に、自分の周りにいる人たちがみんな協力者になるような、そんな考え方、脳の使い方になっていきます。また、全ての時間・空間、過去も現在も未来も協力者になります。

この手帳を使うだけで、毎日毎日、毎分毎秒、確実に効果的に日常のなかで次元を上げていくことができるのです。

全体からの視点に戻る

私が宝石のセールスマンだったときに、名刺の裏面にこんな文章を印刷していました。

私は世界一明るい人間になる。
私は世界一勇気ある人間になる。
私は世界一情熱のある男になる。
私は世界一のセールスマンになる。

そして、落ち込みそうになると、パッと名刺の裏面を見たのです。

「おまえ、何を言ってるんだよ。世界一になるんだろう。そんなことで落ち込むなんて、ばか野郎だ！」と自分に言い聞かせて、ポンッと自分の頭を叩いていました。

それから何年か過ぎて営業成績が伸びてくると、今度は、ちょっと大きなことを言い出したり、暴走しそうになったり、危うい行動を起こすようになりました。はたから見ると少し偉そうな振る舞いもしました。傲慢な考え方をするようになっていったのです。

　そのときに私は、お客様からは見えないように、自分の足をガンッと踏みつけたり、舌をグッと噛んだり、そうやって「それではいけない」と自分に言い聞かせました。


　どちらの場合も、「世界一になる」といったときに中立になるんです。

「世界一の男が、こんなことで落ち込まないだろう？　すぐに立て直せるだろう？」

「世界一の男が、こんなことで偉そうに言ったりしないだろう？　世界一になってから言えばいい」

　かつて、名刺の「裏面」が私に果たしてくれた役割を、この「魔法の高次元手帳」があなたのために果たしてくれます。**常に全体の視点から物事をとらえるようになれるまでは、自分のことだけを考えそうになったら手帳を開いてください。**

　頭では理解していても、人間は忘れやすいものです。つい自分のことだけを考えて行動しても、手帳の「組織」「お客様はじめ地球上の全ての人々」という文字が目に飛び込んでくると、ハッと我に返って、全体からの視点に戻れるようになります。

COLUMN

人生の岐路で立ち止まってみる

この手帳を考えたそもそもの発端はレストランのチェーン店を経営しているときでした。

「自分は何が欲しいんだろう。何が欲しくて頑張っているんだろう。お金か、出世か、名誉か……」と。

でも、そのどれもが本当に欲しいものではありません。「自分は誰のようになりたいと思っているんだろう」いろんな人の顔を思い浮かべてみました。「あの人か、この人か」と。でも、どうも全部違うのです。どの人も自分が目指している方向性とは違っていました。何か自分の人生に疑問を持っていた。このままステーキ屋のおやじで終わるのは何か違うなと。


三日三晩考えました。そのときに、ある光景が浮かんできました。人生がうまくいかずに落ち込んで私のもとへやって来る人が、話しているうちにどんどん元気になっていく……。何人も何十人も。私は自分がそれが一番うれしいことに気づきました。一番幸せを感じていたのはそれだったんです。

「そうだ。心の学校での教育こそ進むべき道だ」と思って、今、本当にその通りになっています。あの時に、立ち止まっていなかったら、今の私はありません。そして、立ち止まることの大切さを知ったのです。あのときが私の人生の大きな分岐点でした。

第8章

意識を変える

知る・信じる・みえる

「知る」とは、過去から現在までに勉強したり経験してきたことを頭の中に蓄積して、物事を理解することです。でも、頭の中にないものは分からないから否定したくなります。分かっていることは受け入れられても、分からないことは受け入れられない。これが、知るという世界です。

「信じる」という言葉があります。「信じる者は救われる」と言います。「私はあなたを信じます」と言った瞬間に、もう信じているから時間を必要としません。時間がかからないので速い。でも、欠点は盲目になってしまうことです。何を信じるか識別するためには審美眼が必要です。

さらに「みえる」ということ。ここからが特に重要です。漢字では観《み》えると書きます。これは、仏教のお経でいうところの「観自在《かんじざい》」を指します。**物事の見方は自在だというの**

です。物事のとらえ方は無限にあるということです。

あなたが、がんを患っているなら「がんになるなんて最悪」とも「がんになれるなんて最高」とも、どちらでもとらえかたは自由です。こんなことをアドバイスする人は、私以外にはいないかもしれません。「苦しい」と言わずに「うれしい」と言って、そうとらえていくと、本当にその通りになっていきます。

「神《み》える」という言葉も私は使います。ここから先は人間の認識できない世界です。般若心経でいう「色即是空《しきそくぜくう》」です。全ては、無い。人には五感があるので、目に見えているものを存在しているように思っているけれど、量子力学の世界では全て存在していません。まだ私たちが十分に理解できていない世界のことです。

さらにその先には「在る」。この「在る」というのは、本来の自分であり、私は神＝本当の自分である真我のことだととらえています。

チャンネルを変える

あなたが見たいテレビ番組があったら、その番組を放送している放送局にチャンネルを合わせます。いまは、リモコンのボタンを選択するだけで、即時にチャンネルを合わせられます。もうご存知ない年代の方も多いと思いますが、昭和30年代のテレビには、チャンネルを合わせるためのダイヤルがありました。ダイヤルを回していると、だんだんチャンネルが合ってきて、徐々に鮮明な映像が映り始めてくるのです。

あなた自身が見たい番組にチャンネルを変えていくと、これまで映っていた映像とは異なるチャンネルの映像が映り始めます。手帳を使ううちに次第とチャンネルが変わっていきます。それは、あなたの次元が上がるので、合うチャンネルが変化するからです。すると、次第に目の前に違う世界が現れてくることに気づくと思います。

喜びの声

魔法の高次元手帳 体験談

○聞いて確認するために使っています。なぜだかわかりませんが、そりの合わない人と離れて、私が別の部署へ異動しました。人間関係が複雑でしたが、上司の配慮で、みんながやりやすくなりました。人間関係がうまくいっています。（女性）

○変化としては、以前よりも自分で自分と約束する。という気持ちが強くなったように感じます。私はすぐに軽いパニックを起こしてしまうのですが、ゆっくり向き合えば頭の中を整理することができるようになりました。（飲食店経営・女性）

次元とエネルギー

人の意識が上がると、その人が発するエネルギーが変化します。磁石でたとえると、意識が変わると磁力というエネルギーが変化します。

磁力が変わると、引き寄せるものが変わってきます。

普通の磁石は、鉄を引き寄せますね。もし、ゴミを引き寄せる磁力が存在すると仮定すると、磁石が引き寄せるのは鉄ではなくゴミになります。同じように、黄金を引き寄せる磁力があれば黄金を引き寄せます。

意識は、磁力と同じで、同じエネルギーのものを引き寄せます。**あなたの意識が変われば、人との出会いや目の前に現れてくる現象がおのずと変わってくるのです。**

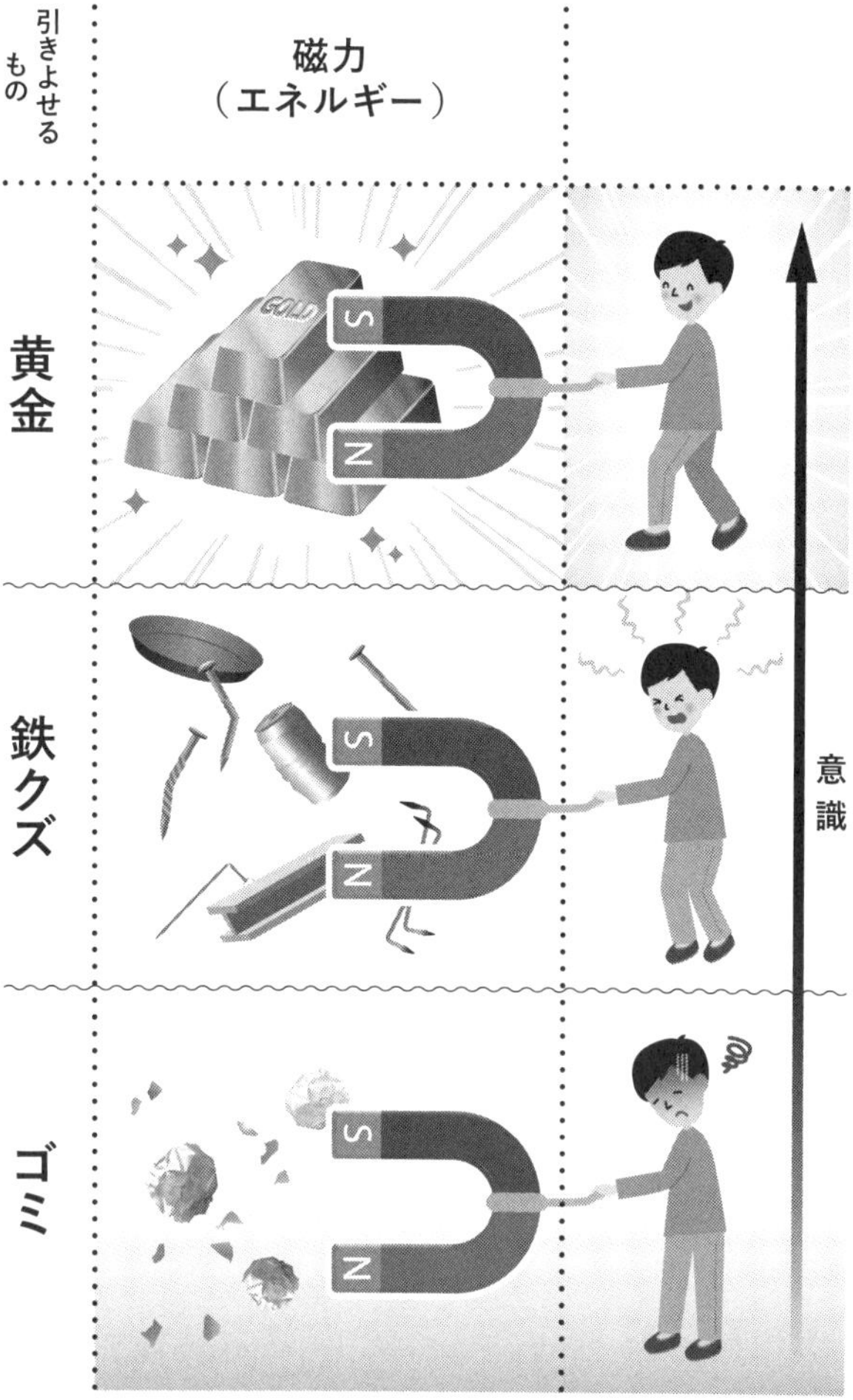
引きよせるもの
磁力
（エネルギー）
黄金
GOLD
S
N
鉄クズ
S
N
ゴミ
S
N
意識

すべての出来事に感謝する

感謝の思いは、エネルギーとなって、あなたから発せられます。「ありがとう」と思うだけで、携帯電話の電波のように周囲にも広がっています。

たとえ自分では「心が自分でこもっていない」と思ったとしても、実は感謝の思いを向けるだけで、すでに心がこもっています。行動から見ると、その感謝する姿勢がエネルギーを変化させるからです。

あなたが感謝の思いは特別、大切なものととらえているから、自分の心はそこまでではない、と思っているのです。その「自分はまだまだだ」と思う謙虚さがすでに感謝と同じです。あなたの周囲の人には、そのエネルギーも伝わります。

よい出来事に感謝することはそれほど難しくありません。

でも、問題が起きたときに、その問題に感謝することができるでしょうか？　多くの人にとって、問題に感謝することは、難易度が高いことです。

問題は、自分に大きな気づきを与えてくれます。

問題は、とても大事なメッセージを与えてくれます。

問題は、さまざまなことを教えてくれます。

問題を学びの機会ととらえるか、他人のせいにして目をそむけるか、あなた次第です。

世の中で起きている出来事、自分の身に起きてくる出来事、全てを感謝の思いで受け止めてください。

あなたを褒めてくれた人だけでなく、叱ってくれた人や、苦言を呈してくれた人にも感謝できるようになりましょう。

あなたの人生の主役はあなたです。起こる出来事すべてをあなたがどうとらえるかは、あなたの自由なのです。

感謝の言葉

『感謝』

感謝とはそのままをそのままとして
認める心である
感謝をすると宇宙の力が働く
感謝とは真実を真実と認める心である

親に感謝せよとは
親子の関係は宇宙の真理が作った
人間関係の真実であるからだ
人に感謝するとは何かをしてくれるから

感謝をするのではない
そのまま、ありのままに感謝することだ
健康や病気に感謝するのではない
健康と病気の奥にある真我に感謝するのだ

人にしてもらって感謝
人にさせてもらって感謝
すべてに感謝

本当の感謝には二通りある
人間関係の感謝と、宇宙の法則への感謝
感謝をすると宇宙エネルギーが充満する

本当の感謝をすると神と一体になる

真実に感謝
真理に感謝

人間として生まれたこと
日本人で生まれたこと
地球人で生まれたこと
宇宙人で生まれたことに感謝

私は私のままでありがとう
あなたはあなたのままでありがとう
出来事は出来事でありがとう
宇宙は宇宙のままでありがとう

私の過去にありがとう
今のままでありがとう
これからくる未来にありがとう

厳しい人よありがとう
私に試練をくれた人よありがとう
愛の人よありがとう
すべての人よありがとう

私を含めたすべての宇宙の真理よ
ただ、ただ、ありがとう

感謝

マザー・テレサ

マザー・テレサの偉業をご存知の方から名前ぐらいは知っているという方まで、人それぞれだと思います。

ここでは、どれほどの善い行いをした方かはよく分からないけれど、誰もが素晴らしい修道女だというイメージをもっている、とそんなふうに仮定しましょう。高い人間性の修道女だという前提です。

彼女の修道院には、さまざまな人が運びこまれてきます。今にも死にそうな瀕死の状態の人、伝染病の人、コレラにかかっている人、体の一部が腐っていく病気の人、実にさまざまな人が運ばれてきます。

マザー・テレサは、たとえどんな状態の人でも、どんな社会的立場の人でも、全ての人を分け隔てなく同じように接していきます。そして、社会の底辺にいるような人の気持ちを理解できて、その人たちのすべてを受け入れます。

そういう人のことを、意識の高い人だと思いませんか。

「ここはあなたの来る場所ではありません」
「病気が他の人に伝染するから出て行ってください」
「私に近寄らないでください」
と言ったとしたなら、どう思いますか。

どんな立場の人でも、どんな健康状態の人でも、貧富にかかわらず、全てを肯定して受け止めます。全肯定で受け止められたなら、目の前の現象は、本当に肯定できることばかりが起こるようになっていきます。

全てを受け止めることができる人は、意識の高い人です。

意識を変える

知識とは、物や道具と同じです。それをどのように何のために使うのか。知識を使う心を意識といいます。意識によって物や道具の使い方が変わります。

左脳で聞くと同じように思えますが、心と知識と意識は全く別のものです。知識は、一回聞くと「以前、この話を聞いたことがあるな」というものです。意識は、同じ話を何回聞いても、自分の今の心の状態によって、全く違うように聞こえるのです。

手帳を使うと次元が上がると繰り返しお伝えしていますが、高い次元で出る知恵と、低い次元で出る知恵とでは、知恵の質が違います。あわせて、次元が上がると問題が減っていくので、問題解決にかける時間が必要なくなっていきます。そうなると、目標実現のために使える時間の密度が高まります。

だから、**次元を管理できたら、時間管理が自然とできてくることになります。そして、より濃い時間の使い方をできるようになり、1日の充実度が全く違ってきます。**とても楽しみだと思いませんか？

　現象面に起こる変化は、偶然ではありません。次元は自動的に上がります。意識的に行ってほしいことは、この手帳に日々、書くことだけです。本来のあなたが書く内容です。自信をもってどんどん書いてください。

　私は人生の節目節目で、立ち止まることをしていなかったら、今の自分はいません。この手帳をつけていると、毎日、立ち止まりながら、自分の意識が変わっていくことを実感できるようになります。

COLUMN

意識の高い人、低い人

　意識の高い人は、人と協調できる人です。

　意識の低い人は、自己満足的なひとりよがりの判断をする人です。

　意識の低い人は、思い込みが強くて自己中心的な判断をする人です。

　意識の高い人は、多くの人の協力を得られます。

　意識の高い人が優位で、意識の低い人が劣っているわけではありません。

　今、どの次元で生きていても、それは過程にすぎず、変化していくものです。

おわりに

この本を読んでいる間にも、すでにあなたには変化が起こっています。この手帳があなたの人生を豊かにするために役立つことを確信しています。

心は目に見えないためにわずかな変化には気づきにくいものです。しかし、現実生活の変化にはすぐに気づくことができます。あなたの目に映る現実社会の変化に注目してみてください。偶然ではなく必然的な変化が起こっています。そしてあなたは物事のとらえ方が変わってきていることに気づくと思います。

本当の自分（＝**真我**）からぶれることがなければ、どんな状況でも、周りに振り回されることなく生きられるようになります。本来の自分を忘れそうになるとき、この手帳を開いてください。この手帳を書き記したときの本当のあなたに戻ることができます。日々、そのように立ち止まりながら、押し流されずに生きていける手助けをしてくれます。

意識が変わった自分の成長に気づき、次の行動へとつなげていってほしいのです。

この手帳はあなたの人生を素晴らしいものへと変化させますが、継続使用せず、途中で投げ出してしまっては意味がありません。すぐに現実生活に変化が起こらないからといって、やめてしまわないことです。まず、1冊を使い終わるまで続けてください。手帳には問合せ先を記載しています。途中でわからないことがあればご連絡ください。「成果が出ない」と思った方は、なにか間違った使い方をしているのかもしれません。なぜ成果が出ないのか、原因を探すお手伝いをさせていただきます。

この本をきっかけに、家庭や職場の人間関係、友人関係をはじめ、あなたの人生が喜びにあふれたものへと変化していくことを願っています。私の約三十年間の探求の成果が多くの方の人生を変えるきっかけとなれば幸いです。

毎日が喜びにあふれ、より充実した人生にするために、さっそく使い始めてみましょう。そしてあなたの人生を一層輝かせていきましょう。

何万冊のなかからこの本を手に取ってくださりありがとうございます。この手帳の完成に協力してくださった皆様に心から感謝を申しあげます。

佐藤康行

別冊「ワークブック」のご案内

この『魔法の高次元手帳』を継続するだけで あなたは高次元へとシフトする！

デザインは変更となる場合があります

本書をお求めいただき、誠にありがとうございます。お読みいただいた感想はいかがでしょうか？　ぜひ、毎日付録の手帳（ワークブック）を活用いただき、あなたの人生をさらに素晴らしいものへと変化させてください。付録の手帳を使いきった方は、『魔法の高次元手帳』の別冊を、下記アイジーエー出版にてお買いお求めください。

『魔法の高次元手帳（別冊ワークブック）』

ページ数：96ページ
価格：600円（税抜）
　　　5冊セット 2500円（税抜）
送料：別途
　※地域・冊数等により異なります

お申込み・お問合せ

株式会社アイジーエー出版
〒103-0026 東京都中央区日本橋兜町11-7　ビーエム兜町3F
TEL：**03-5962-3745**（平日10～18時）　FAX：**03-5962-3748**（24H）
Webサイト：**http://igajapan.co.jp**
Mail：**info@igajapan.co.jp**

Webサイト

銀行振込にてご入金確認後、発送いたします。
口座番号　**三菱UFJ銀行・新宿通支店（普通）3492220**
〔名義〕　**株式会社アイジーエー出版**
※お振込手数料は、お客様にてご負担ください

佐藤 康行（さとう やすゆき）

1951年、北海道美唄市生まれ。心の学校・YS こころのクリニック創始者。15歳で単身上京、飲食店経営者になる夢を抱き、皿洗いからセールスマンに転身、教材のセールスでは世界トップの実績を持つ。1980年、「ステーキのくいしんぼ」を創業。「世界初の立ち食いステーキ」を考案するなど、様々なアイデアで人気が爆発、レストラン全体で70店舗、年商50億円を8年で達成した。その後経営権を譲渡、これまでの経験をベースに心の専門家として1991年に「心の学校」を創立、約30年にわたり「本当の自分＝真我」に目覚めることを伝え続けてきた。2014年、東京八重洲に心療内科・精神科の「YS こころのクリニック」を開院、うつ病治療では90日以内の寛解率が90%以上という医療の常識をくつがえす成果を上げている。研修指導の主要実績は、ANA、明治安田生命、高校野球優勝校、プロボクシングチャンピオン、力士など幅広く、これまでグループ全体で約43万人の人生を劇的に好転させてきた実績がある。国会議員や上場企業の経営者などからの信頼も厚く、政財界に大きな影響を与えてきた。主な著書に『満月の法則』（サンマーク出版）、『仕事で心が折れそうになったら読む本』（PHP研究所）、『過去は自由に変えられる』（産経新聞出版）、『お金の不安が消える本』（KADOKAWA）、『真我』（アイジーエー出版）などがある。著書は250冊以上（電子書籍含む）

魔法の高次元手帳 時間と高次元を同時に管理する

2019年2月9日　第1版第1刷発行
2020年1月24日　第2版第1刷発行

著　者　佐藤康行
発行者　株式会社アイジーエー出版
〒103-0026　東京都中央区日本橋兜町11-7
ビーエム兜町3F
電話　03-5962-3745
FAX　03-5962-3748
ホームページ　http://www.igajapan.co.jp/
Eメール　info@igajapan.co.jp
印刷所　中央精版印刷株式会社

ISBN978-4-903546-27-8 C0000

聞く人の真我を揺さぶるCD『真我の覚醒《めざめ》』を聴いた方から多くの素晴らしい体験談が寄せられています。

早速CDを送っていただきありがとうございます。自己啓発などでプラス思考がいいとは分かっていながら、実生活ではなかなか続かない状態でした。CDを聴きまして、今までのプラス思考の矛盾や落とし穴の指摘にハッとしました。また人間は「過去の記憶」に縛られているというお話には感銘を受け、「自分探し」や「悟り」に一生明け暮れるのではなく、「本当の自分」が出発点、「悟って」からが人生の始まりというお話に目が覚める思いです。自分の悩みや不安が溶けていくようで嬉しいです。このCDに巡りあえましてたいへん感謝しています。本当にありがとうございます。

◉H.T／男性／44歳／東京都

精神世界のジレンマやギャップ、心の思考パターンなどをスキなく説いていると思います。聞いていると力が出て楽しくなります。

◉男性／37歳／茨城県筑波郡

10数年前から心理的なことに興味を持ち、少しだけ勉強したことがあります。恐怖感、不安や緊張は抑えようとすればするほど大きくなるのは習いました。しかし、肝心の「どのようにすれば消せるのか」は未だに教えてくれる人はいません。こちらの心の学校のお話をもっと聞いてみたいと思いました。

◉T.E/女性/41歳/香川県

最近は人間関係で悩みもいろいろあり心がまいっていましたが、佐藤先生のお話のCDを聞かせて頂いたところ、心の奥からパワーが出て来ました。今までプラス思考・自己啓発の本を買って読みあさりましたが、皆、同じ内容ばかりでした。宗教でないところが嬉しいです。今日のランチの会話も楽しくできました。ありがとうございました。

◉H.T／女性／22歳／兵庫県

—お問合せ—

ご相談はお気軽に！

お電話、FAX、Webサイト、Eメールなど
お好きな方法でご連絡ください

本当の自分に目覚めたい、
人間関係、夫婦関係などのご相談は

心の学校アイジーエー

HP **http://www.shinga.com/**

E-mail **info@shinga.com**

公式Webサイト

【東京本部】

〒103-0026
東京都中央区日本橋兜町11-7 ビーエム兜町ビル1F・3F

TEL **03-5962-3541**（平日10～18時）
FAX **03-5962-3748**

【関西支部】

〒532-0011
大阪府大阪市淀川区西中島5-14-10 新大阪トヨタビル6F

TEL **06-6307-3022**（平日10～18時）
FAX **06-6307-3023**

【名古屋支部】

〒460-0003
愛知県名古屋市中区錦二丁目9番6号 名和丸の内ビル2階

TEL **052-201-7830**（平日10～18時）
FAX **052-201-7833**

魔法の高次元手帳をさらに究めたいあなたへ

黄金の谷の法則「ココロ編」
神眼開発プログラム

あなたの心の貯水タンクをきれいな水でいっぱいにし、好転反応さえなくす技が自宅で修得できる。

DISC1
神眼「開発編」61分25秒

DISC2
神眼「実践編」39分55秒

ご注文ページ

通常価格99,000円のところ**29,700円**（税込：税率10%）

※真我の実践会会員限定価格有り

黄金の谷の法則「言葉編」
神シーズトーク徹底修得プログラム

これを完全に自分のものにしたら、大金持ちになり、毎日契約が取れる。神シーズトークを徹底修得。

DISC1
神シーズ「理論編」42分12秒

DISC2
神シーズ「実践編」33分20秒

ご注文ページ

通常価格99,000円のところ**29,700円**（税込：税率10%）

黄金の谷の法則は3部作のシリーズになっており、「ココロ編」「言葉編」「行動編」が存在します。（魔法の高次元手帳は、「行動編」にあたります）

商品のお申込みはこちら

下記に記載された電話、メール、またはページ内のＱＲコードからお申込みください。

TEL **03-5962-3506**

MAIL **info@ys-consultant.com**

YSコンサルタント株式会社

期間限定 特別プレゼント！

聴くだけで次元が上がる魔法の音声

伝説の佐藤康行講演会

音声視聴版

本著の著者である佐藤康行が自らの体験を分かりやすく伝えた自伝講演会音声です。30年以上ダビングされ続け、これまで多くの経営者やビジネスパーソン、政財界などに多大な影響を与え続けてきた「伝説の」講演テープが音声視聴版として完全復活！この音声を聴いて、佐藤康行のエネルギーを感じてください。

無料音声プレゼントのお申し込み方法は4つ！
お好きな方法を選んでお申込ください。

佐藤康行 39 歳当時

音声申込方法①ＱＲコード

スマートフォンのカメラで
ＱＲコードを読み取ってください

音声申込方法②URL 直接入力

パソコン、スマートフォンなどで
下記 URL を直接入力してください

http://bit.ly/2SzZd8R

音声申込方法③お電話 03-5962-3506（平日10:00～18:00）

音声申込方法④e-mail info@ys-consultant.com

YSコンサルタント株式会社

真我
佐藤康行

思考は大好転して現実化する

大目標

記入日 達成期日		達成完了日

時間・高次元の同時管理とは

私たちが物事を達成したり、成功したり、お金持ちになったりするには、目標を明確にすることが大事です。その目標を実現するためには、どれだけ時間をうまく使えるようになるかが勝負になります。これが時間を管理するということです。

さらに、この手帳を使うと、世界で初めての高次元管理ができます。高次元管理をすると、やるべきことの的を絞れるので、1時間が10時間もの価値に上がるのです。それと同時に、自分の周りにいる人たちがみんな協力者になるような、そんな考え方・頭の使い方になっていきます。また、全ての時間・空間、過去も未来も協力者になります。

この手帳は、毎日、毎分毎秒、確実に、効果的に、日常のなかで次元を上げ続けていくことができる不思議な手帳です。ぜひ、楽しみながら使ってみてください。

心の専門家　佐藤康行

この手帳を使うと起こること

- これまで半年かかっていたことを1か月でできるようになります。場合によっては1週間、人によっては3日に時間短縮できるようになります。

- 日ごとどころではなく、毎分毎秒、進化していきます。

- ただ“チェックする”だけであなたの次元が軽やかに上がっていきます。

- 次元が上がると障害物がなくなっていき、人間関係で他人と衝突することがなくなります。

- 1日24時間のなかで起こり得る成果や体験を増やし、まったく違う体験に変えることができます。

- 脳の物事のとらえ方が自然と変化し、時間と次元を全て無意識で管理できるようになります。

- 普通の生活をしているだけで、あなたの時間と次元が上がります。より有効に、より確実性をもって、より効果を上げて、よりスピードアップして、より楽に次元が上がっていきます。気づくとあなたの周りは協力者ばかりになっています。

- 自分の過去も現在も未来も、すべての時間と空間が協力者になり、過去の失敗さえも協力者に変化します。

- 次頁の「成功と幸福を呼ぶ言葉」を声に出して読んだ後に、この手帳を記入すると効果が高まります。

成功と幸福を呼ぶ言葉（心の方針）

どんどん良くなる
ありがとうございます
ありがとうございます
あなたのおかげです
皆様のおかげです
すばらしいです
今が最高です
楽しいです
嬉しいです
元気です
なんてしあわせだろう
生きているって素晴らしい
やるだけです
私は現在より百倍の力を出します
力は無限です
やります
ほんとうにうれしい　楽しい
健康です
私はやさしい　あたたかい
もっと仕事をしたい
すぐやります
難しいことは一つもない
みんな仲間です
みんな好きです
私は人が大好きです
嫌いな人はひとりもいない
私のできることはなんでも言ってください
やるぞ　やるぞ　徹底的にやるぞ
今日一日が人生です
今を生きる　今しかない
今　現在持てるすべての力を出そう
すべてが新しい
すべてが生きている
私は世界でただひとりです
私は素晴らしい人間です
私は人の為になる人間です
私は全力で生きる
力を出しきる
今日やるべき仕事は今日中に全部やる
うれしい　楽しい　元気です
やる気　満々です
燃えてきた
昨日の悪かった点はすべて直します
私は素直だからできる
計画は全部書く
そしてその通り実行する
なにもかも楽しい
本当にあなたのお陰です
ありがとうございます
ありがとうございます
私は責任を持ちます
私は誠実です
私は約束を守ります
私は時間を守ります
私は実績をあげます
私は現場主義に徹します
お客様の喜びを自分の喜びとします
私は決めたことは最後までやりぬきます
絶対に負けません
喝！
私は人を動かします
素晴らしい方向へ
遠慮はしません
私は人を褒めます
自分自身も褒めます
私は人も自分も好きだからです
愉快です
人生は素晴らしい
ああ　人の為に役立ちたい
喜ばれたい　感動したい
私に今の百倍の仕事をください
あっというまにかたづけます　本当です

私は燃えています　メラメラと
火の玉です
さあなんでもこい
どんどんやる
おもいきりやる
全力でやる
すべての力を出し切る
やるぞやるぞ
私は素晴らしい人に囲まれている
みんな大好きだ
もっと教えて下さい
私は成長する
私は向上する
私は進歩する
すべてが魂の修業です
私は心をこめて仕事をする
なぜならば我々は
愛の販売をしているからです
頭がスッキリしてきた
新しい知恵がどんどん出てくる
どんな難しいことでもさわやかに解決する
私は一分一秒を大事にする
なぜなら時こそ命だからです
人に喜ばれるアイデアがどんどん出てきます
ありがとうという言葉がきこえます
笑顔がみえます
お父さんありがとうございます
お母さんありがとうございます
兄弟（姉妹）の皆さんありがとうございます
家族の皆さんありがとうございます
親戚の皆さんありがとうございます
ご先祖の皆様ありがとうございます
お客様ありがとうございます
我が社の同志よありがとうございます
電話をくださるすべての皆さん
ありがとうございます
訪問してくださるすべての皆さん
ありがとうございます
私を取りまくすべての皆さん
ありがとうございます
日本の人々よ　全世界の人々よ
ありがとうございます
私は皆さんを愛と感謝の気持ちで迎えます
私はやります
皆さんの喜んでいる顔が出るまでは
それが私の願いです
私の仕事は感動してもらうことです
仕事は神様です
なぜなら　みんながしあわせになるからです
人の為になるからです
私に生活を与えてくれるからです
私に喜びと生きがいを与えてくれるからです
私は運がいい
本当にしあわせだ
私は人の役に立つ人間です
心の奥からやる気が出てきた
仕事の意義と目標が明確になってきた
私は世界一の明るい人間になる
私は世界一の勇気ある人間になる
私は世界一愛あふれる人間になる
一生懸命　一心不乱
ただひたすらコツコツと
周りの人々につくします
私がやらなきゃ　誰がやる
うれしい　ゆかいだ
やるぞ　やるぞ
もっと仕事をください
ありがたい　ありがたい
今日も一日素晴らしい日になります
なぜなら感動と感謝は
私自身の心が作るからです
ありがとうございます

ひらめき・直感・インスピレーション

このページには、思いついたことをひたすら書き出してください。できるだけ多く書くことが重要です。目標、やってみたいこと、行動に移したいことなど、「間違っているかもしれない」と思っても書き出します。スピーディーにどんどん書くようにしてください。

ひらめき・直感・インスピレーション

両親を旅行に連れていく　　映画を観に行く

料理のレパートリーを増やす　　支社でNo.1セールス達成

英語を勉強する

ひらめき・直感・インスピレーション

ひらめき・直感・インスピレーション

ひらめき・直感・インスピレーション

ひらめき・直感・インスピレーション

ひらめき・直感・インスピレーション

ひらめき・直感・インスピレーション

ひらめき・直感・インスピレーション

決定

「ひらめき・直感・インスピレーション」に書き出したなかから、やってみようと思うことを「決定」欄に転記してください。決定に記入したものを実現することが自分のためだと思う場合は、個人の欄に✓をします。決定に記入したことが、「個人」「組織」「お客様はじめ地球上の全ての人々」のためになると思う場合は、3つ全てに✓を入れてください。組織とは会社だけでなく、家庭なども含みます。

決　定

記入日	決　定	個人	組織	お客様はじめ地球上の全ての人々
2020/2/1	両親を旅行に連れていく		✓	
2020/2/3	料理のレパートリーを増やす	✓	✓	
2020/2/10	支社でNo.1セールス達成	✓	✓	✓

遂行

「決定」したことのなかから必ずやり遂げることを選び、「遂行日」（着手日）と「完了予定日」を書き入れてください。「備考欄」は5W2Hなど、遂行するための計画を書きます。「完了確認日」には、完了した日付をご記入ください。

5W2H…When（いつ）　Where（どこで）　Who（だれが）　What（何を）　Why（なぜ）　How（どのように）　How much（コスト）

遂　行

遂行日（いつから）	完了予定日	備考欄（5W2Hなど）	完了確認日
2/10	2/11	週末、母に電話をして どこか行きたい場所があるか聞く	2/11
2/12	2/20	駅の近くの本屋さんで 料理の本を買う	2/17

決　定

記入日	決　定	個人	組織	お客様はじめ地球上の全ての人々

遂　行

遂行日（いつから）	完了予定日	備考欄（5W2Hなど）	完了確認日

決　定

記入日	決　定	個人	組織	お客様はじめ地球上の全ての人々

遂　行

遂行日（いつから）	完了予定日	備考欄（5W2Hなど）	完了確認日

決定

記入日	決定	個人	組織	お客様はじめ地球上の全ての人々

遂　行

遂行日（いつから）	完了予定日	備考欄（5W2Hなど）	完了確認日

決　定

記入日	決　定	個人	組織	お客様はじめ地球上の全ての人々

遂　行

遂行日（いつから）	完了予定日	備考欄（5W2Hなど）	完了確認日

決　定

記入日	決　定	個人	組織	お客様はじめ地球上の全ての人々

遂　行

遂行日（いつから）	完了予定日	備考欄（5W2Hなど）	完了確認日

決　定

記入日	決　定	個人	組織	お客様はじめ地球上の全ての人々

遂　行

遂行日（いつから）	完了予定日	備考欄（5W2Hなど）	完了確認日

決　定

記入日	決　定	個人	組織	お客様はじめ地球上の全ての人々

遂　行

遂行日（いつから）	完了予定日	備考欄（5W2Hなど）	完了確認日

決　定

記入日	決　定	個人	組織	お客様はじめ地球上の全ての人々

遂　行

遂行日（いつから）	完了予定日	備考欄（5W2Hなど）	完了確認日

決　定

記入日	決　定	個人	組織	お客様はじめ地球上の全ての人々

遂　行

遂行日（いつから）	完了予定日	備考欄（5W2Hなど）	完了確認日

決　定

記入日	決　定	個人	組織	お客様はじめ地球上の全ての人々

遂　行

遂行日 （いつから）	完了 予定日	備考欄（5W2Hなど）	完了 確認日

決　定

記入日	決　定	個人	組織	お客様はじめ地球上の全ての人々

遂　行

遂行日（いつから）	完了予定日	備考欄（5W2Hなど）	完了確認日

決　定

記入日	決　定	個人	組織	お客様はじめ地球上の全ての人々

遂　行

遂行日（いつから）	完了予定日	備考欄（5W2Hなど）	完了確認日

決　定

記入日	決　定	個人	組織	お客様はじめ地球上の全ての人々

自分のものは何ひとつ無く、

遂　行

遂行日（いつから）	完了予定日	備考欄（5W2Hなど）	完了確認日

決　定

記入日	決　定	個人	組織	お客様はじめ地球上の全ての人々

遂　行

遂行日（いつから）	完了予定日	備考欄（5W2Hなど）	完了確認日

決　定

記入日	決　定	個人	組織	お客様はじめ地球上の全ての人々

遂　行

遂行日（いつから）	完了予定日	備考欄（5W2Hなど）	完了確認日

決　定

記入日	決　定	個人	組織	お客様はじめ地球上の全ての人々

遂　行

遂行日（いつから）	完了予定日	備考欄（5W2Hなど）	完了確認日

メ　モ

No. ＿＿＿＿＿＿＿＿

＿＿＿＿年＿＿＿月＿＿＿日 ～ ＿＿＿＿年＿＿＿月＿＿＿日

氏名

連絡先